青少年兒童福利機構
之 經營與管理

Institutional Management and Administration
for Children and Adolescents

郭啟祥◎著

序

筆者從事教育事業三十六載，今年適逢世界COVID-19疫情嚴峻，臺灣也在這波狂潮下，經濟受創、百業待興。青少年兒童福利機構中的教育相關產業在這波疫情中受傷慘重。然仍有許多民間教學機構異軍突起，順勢而爲，線上教學雖然在教學成效上仍毀譽參半，但是無疑的是讓虛擬教室的環境在疫情下強制的啓動，所有教學機構不管公私立都必須投入線上教學領域，使得該教學型態機構也有如雨後春筍般蓬勃起來。也因爲社交距離的施行，團體類教學機構必須採取梅花座等教學方式因應，這時小組教學或是一對一教學等非群聚式的教學模式逐漸成爲主流，教學效果好而且又能符合政府防疫規定，這些教學型態的轉變對於青少年兒童福利機構中的托育與教育事業機構影響深遠。

本書希望透過青少年兒童福利機構產業生態的分析，搭配歷史發展的演進，讓有心瞭解青少年兒童福利機構中有關托育與教育產業的入門者透過深入淺出的論述，明瞭這個產業爲何如此迷人之處，另外對於目前已經在實務上實際投入並且有經驗者，透過該產業實務的深入探討、實際案例的歸納闡述及經營模型的定錨，嘗試爲下一代青少年兒童福利機構中，托育與教育機構的應對方針、經營方式、核心價值及產業模型提出新的見解。

托育與教育產業與一般行業最大的不同在於教育的核心對於一個人的成長具有絕對關鍵的影響力，每當托育與教育的從業人員在若干年後，收到來自授教學子的感謝與回饋，這種情感交流的感恩，是其他行業別比較感受不到的溫暖，我們可以想像一位在國小誤入歧途的學童在

成長的過程中受到國小老師的感召，改頭換面，進而轉變人生，國小老師成為他一生改變的貴人，這樣的故事在托育與教育產業中都是一直不斷地發生的，十年樹木、百年樹人，從事這份工作，有種無法言語形容的溫馨成就。

在從事教育工作的過程中，對於整個民間教育機構的轉變，印象尤其深刻。以升大學補習班為例，從早年一班少則一百人以上，多則三、四百人以上，逐漸縮小，甚至到後來一班只剩下三、四十人之譜，少子化當然是一個原因，但是家長及學子們的學習方式逐漸將重心從老師為主轉變成以學生為主的教學導向，造就了個別指導一對一的教學模式，改變了臺灣民間教育機構的發展方向，讓教學邁向精緻化的原因當然就是教學品質，能夠針對學子個別的狀況量身訂做教學模式及教材成為現今的顯學，這樣的演變對教學環境與品質的提升貢獻卓著，本書的出版是身為作者的我期待透過青少年兒童福利機構中有關托育與教育事業的理論分析及案例實務，搭配商業模型的設計，為下一代的民間教育機構經營模式，提出一個經營者可長可久的營運方向，而學子們也因為民間教育機構經營模式的創新，增加了學習方式的選擇，此為筆者所最樂見之事。

本書的付梓，感謝中國文化大學社會福利學系郭靜晃所長、王順民教授，以及作者就讀台灣大學EMBA時期的指導教授蔡彥卿所長。最後感謝我家人及公司同仁們的支持，謝謝您們！

郭啟祥 謹誌

2022年6月25日

目　錄

圖表目錄

Chapter 1

青少年兒童福利機構
之沿革與發展

- 我國青少年兒童福利機構之發展背景
- 青少年兒童福利機構之發展問題
- 從青少年兒童福利機構之沿革找出發展關鍵
- 青少年兒童福利機構之托教事業經營環境

第一節　我國青少年兒童福利機構之發展背景

　　元宇宙的新時代來臨，智能經濟管理的盛行，AI經濟的創新發展，如今可以說是一個知識無限與經濟擴張的時代，訊息多樣與創新，透過網路媒體皆隨手可得。而資訊的普遍與發達，使得青少年兒童福利機構的教育事業體系因此蓬勃發展了起來，包括英語、數學等學業科目、專業技能科目、才藝類相關等都如雨後春筍般不斷地成立，許多業者也看準了這一塊市場的商機，於是便來搶食這一塊大餅，開業的速度更是一家比一家快，造就了青少年兒童福利機構中托育與教育事業（簡稱托教事業）的濫觴，整體的經營型態不脫「獨立經營」、「直營連鎖」與「加盟連鎖」的型態。在這些經營形態的托教機構中，有三大型態，第一種是以幼兒、兒童教育為主的幼兒園，第二種是國小課後照顧中心以及第三種從國小至高中以學科及才藝輔助教學為主的補習班，此三種型態的托教機構便應運而生，而這些機構，作者在此將之定義為「托教機構」（兼有幼兒、兒童托育體系及兒童、青少年教育及福利體系機構統稱），而該行業則定義為托教事業。最主要的分別大方向是以年齡大小來區分，當然此方式也不盡然都能敘述完善，在本書之後章節會有更詳細的說明。

　　由於現在的社會型態多已進入雙薪家庭的時代，父母雙方大多都有工作，通常也因為工作的關係早出晚歸，所以很多雙薪家庭的父母會把小孩送到幼兒園去，或是國小下課後，安排到課後照顧中心（簡稱課照中心），有的則是送去補習班、才藝班（幼教希望論壇，2004）。家長們認為把小孩送到課後照顧中心和補習班可以增強孩子在下課後對知識的印象，並透過反覆的學科練習提升成績，或學習其他才藝增加未來升學的競爭力；而「幼兒園」則是提供照顧及教導幼童的服務，家長皆外

出上班時，小孩自己一人獨留在家中，既沒有大人照顧又不想請保母，於是父母便把孩子送去幼兒園托專人照顧，既解決托育問題，在教育的層面又可以促進孩子的學習發展。

隨著臺灣加入WTO，與全世界接軌的地球村概念已經逐漸成型，如果真的從各種學說論點來看，許多論述多以幼兒真的沒有學習多國語言的急迫性，尤其是美語。但是，如果從小就培養孩子體驗美語的興趣，並且透過教學增進口說的學習，這麼一來或許就會變得更有創意了。然而也正因為進入地球村的時代，各個學校均強調多元教育，使得家長們更加重視小孩未來的語言能力發展，為了能讓自己的小孩適應未來強大的競爭環境，而提早讓孩子學習美語的家長比比皆是；也因為要滿足這樣廣大的需求市場，許多強調「雙語教學」的才藝班、幼兒園、課後照顧中心違規上美語課，補習班等紛紛設立雙語教學專班或是全美語教學班，幾乎是每走幾條街就會看到一家，甚至有同一條街上二、三家以上同時競爭的情形，造就托教事業進入了戰國時代、群雄並起之激烈競爭。

而臺灣地區幼兒教育的發展經歷了延續及重組期（1949-1952）、自立期（1953-1964）、發展期（1965-1981）與繁盛期（1982至今）（洪福財，2000）。延續及重組期以承接日據時代的基本建設為基礎，爾後從以政府辦學為主轉變為民間積極辦學，辦學環境亦從行政命令的層次提高為法律層次，在政府積極鼓勵下，私立幼稚園數量於1961年首度超過公立幼稚園（徐千惠，2003）。臺灣幼兒教育經歷長達七十餘年的發展，隨著經濟水準的提高及「少子化」的趨勢，幼兒家長對於教育的品質愈加重視，政府對幼兒教育的管理重點已從鼓勵增設幼教機構、提高五歲幼兒入園率，轉為鼓勵績優辦學、加強幼教機構的評鑑、提升教師素質與教學品質。在時代潮流的推動下，各師範院校與大學開始增設幼稚教育、幼兒保育系以及幼兒教育學程，引進專業領域中最新的發展理論和教學教法，藉由幼兒教師培育與回流進修的機會，將學術理論

與現場工作結合，以提升幼兒教師的專業知能與教學品質。現今幼兒園課程的編排多已跳脫傳統教學的桎梏，在課程研發、教學技術的發展上已臻完備。部分園所的經營型態從早期的單園、小校的型態，轉為大型、連鎖、企業化的管理，然而因為少子化的來臨，目前幼兒園在學生來源不足的情況下，普遍面臨了經營上的困境。

而「希望子女成龍成鳳」一直是為人父母者心中最大的心願，尤其世代更替以來，現今多數人的生育觀念，已與從前大不相同，從以往「兩個孩子恰恰好」是以前大部分小家庭的最佳寫照，到現在「一個孩子剛剛好」甚至不要有小孩的觀念越來越多，寵物經濟應運而生。所以只要有小孩的父母對子女的養育更是竭盡所能，不遺餘力，因為小孩如同寶貝一般。而在此升學主義依舊盛行的時代裏，教育問題更是為人父母所最關注者。而國內目前教育制度隨著教改政策的更替，從以前的聯考制度、多元入學方案到現今的學習歷程檔案，除了少數家長將子女送往國外留學或因經濟等其他原因，多數家庭會讓孩子參加補習班，透過補習班專業之課程規劃與豐富之教學經驗，輔助孩子課後的學習與加強，以期許能讓子女考取心中理想的學校，所以現代的學生或多或少幾乎都有曾經參與補習的經驗，而此與國人接觸如此頻繁之補教行業，其研究仍顯不足。

隨著教育政策與經營環境之改變，部分體質不佳或經營不善的業者，無法繼續營運而結束，甚至惡性倒閉罔顧學生權益的情況，亦時有所聞，而金錢的損失事小，影響較深的是學生遭此變故時，心情所受之衝擊，常會嚴重影響其準備考試之心情，進而影響其考試成績，甚至耽誤了一生。一般來說，補習班的經營策略，通常以強力的招生為主，師資輔之，著重短期目標的達成，以開課班數為滿足，常因一時人數小幅成長，而沒對未來作詳細長遠之規劃，而一口氣增設大量教室，或擴展據點開設分班，但學生人數並未與之同步成長，初期尚可以增資方式維持營運，但長期下來合夥人終究不堪虧損，而予以放棄，而本書希望透

過托教機構營運型態的分析，從獨立經營邁向集團化、公司化的直營連鎖與加盟連鎖經營過程中，找出降低營運成本且擴大產業版圖的因應之道。

第二節　青少年兒童福利機構之發展問題

　　由於幼兒園、課照中心、補習班的蓬勃發展，青少年兒童福利機構中小型的托教機構已經漸漸無法滿足與適應時代的潮流，結果通常不是頂讓就是倒閉，不轉型仍有能力能夠存活下來的小型托教機構真是少之又少。比較有遠見的小型托教機構，便逐步的進行轉型，不論是採取自主擴充與改善教學品質及環境，或是以合作或是合併其他托教機構方式，皆導致越來越多大型的托教機構產生，而直營連鎖與加盟連鎖便是最主要的經營方式，直營連鎖與加盟連鎖的優勢以及劣勢，還有未來可能的發展，便是本書想要講述的問題。

　　「幼托整合」是臺灣幼兒照顧與教育制度改革的重要議題之一，並於民國101年1月1日頒布「幼兒教育及照顧法」後開始推動幼托整合工作。其目的是在處理「幼稚教育」與「托育服務」體制中，六歲以下幼兒教育與托育功能重疊所衍生的問題。教育部與內政部自民國90年初召開第一次幼托整合推動委員會會議以來，考量零至六歲幼兒對教育與保育之需求無法切割，因此，以統一整合後之幼托機構事權、配合專業人員認證及設施條件等規範研議幼托整合，並以「提供幼兒享有同等幼托品質」、「滿足現代社會家庭之幼托需求」、「確保立案幼稚園、托兒所暨合格幼托人員之基本合法權益」、「整合運用國家資源，健全學前幼托機構」為整合目標，將零至二足歲前幼兒劃歸家庭托育與托嬰中心，由社會福利部門主管；幼稚園與托兒所整合稱為「幼兒園」，辦理二至五足歲（幼幼班、小班、中班、大班）學齡前幼兒之幼托工作，

由教育部門主管（私立幼兒園只有大班有領政府補助，幼幼班至中班期間只能領育兒津貼，但如果被排富就領不到。公立幼兒園、非營利幼兒園、準公共化幼兒園在補助學費部分沒有排富，政府補助直接給幼兒園，家長看到的學費就是補助過後的）。

此做法終於讓之前托兒所不足的教育問題得到紓解，但是卻又衍生出補習班與幼兒園之間的角力，幼兒園主張幼兒教育的實施，應符合幼稚園課程標準及托兒所的保育規範，以促進幼兒全人發展為目標，任何學前機構皆不可反客為主的實施全日或半日美語教學。美語在幼兒教育中的角色，頂多只是幼兒教育中語言與多元文化的一部分，幼兒如果學習美語，目標應以接觸、培養學習美語的興趣與認識世界上其他文化為主，藉著提供幼兒聆聽美語詩歌、歌謠、圖畫故事的經驗的方式學習，而不是淪為拼字、文法的教學。但是補習班則是以美語教學為主要辦學主軸，以學習為導向，並不是著重在幼兒身心發展層面，而且在現行法規中立案的補習班是不可用任何型態經營幼兒園，但是仍然有為數不少的補習班變相經營幼兒園來獲取這個市場的暴利，其實這些混亂也讓補習班與幼兒園之間的紛爭推波助瀾了不少。

有許多人將教育改革失敗歸咎於「幾十年以來補習班成長了數倍，所以學生壓力大幅增加」，甚至有許多深具公信力的雜誌及新聞媒體報導也有如此論調，本書以為這並非原因之所在，其實整個教育制度的配套不佳才是主因。學生能夠多元學習當然是好的，但是臺灣城鄉差距與資源的不均，也製造出另一方面的學習矛盾。而青少年兒童福利機構中的托教事業，近幾年以來總產值已經減少了數十億之多，而原大班制教學體系的團體班變成小班制教學而且經營的成本也不斷地提高，獲利的能力正在快速下降中。

「補習班家數持續上升，造成升學壓力的增加，所以教改政策就是失敗」這是長期以來許多人的論點，此說法不盡周全，教改政策是否失敗尚有待討論。我們若從另一方面來談論，現在的學生幾乎不用如同以

前的學生一般，必須面對報考高中聯招的落榜失落，或是大學聯招的失意落榜（因為現在已經幾乎沒有考不上的學生了），所以從心理層面來看，教改政策真的失敗了嗎？這也是見人見智的問題。雖然十年來補習班增加五倍，但升學型態（文理類別）補習班年產值卻減少數十億；事實上，「教改」已讓重考班幾乎已快沒有市場了，因為「一綱多本」，讓原補習班的大班制教學變成小班制教學而且經營成本上升，獲利能力正快速下降中，這就是目前補習班的現況。當然，教改政策帶來的多元價值觀，則讓技藝類補習班增加1,901家；這是對社會有正面意義的，我想這一點應是大家更應重視的現象（教育部直轄市及各縣市補習班管理系統，http://bsb.edu.tw/afterschool/index.jsp）。

從上述討論中本書探討的主軸有三：

1.托教事業「直營連鎖」與「加盟連鎖」已經成為整體大環境的經營主力，這兩種型態之優劣為何？

2.從「直營連鎖」與「加盟連鎖」之優劣來探討「幼托整合」對於「直營連鎖」與「加盟連鎖」的經營會帶來什麼影響？

3.「教改政策」與「108課綱」對於托教事業的營運究竟造成產業多少衝擊？

簡言之，青少年兒童福利機構中的「直營連鎖」與「加盟連鎖」機構的產生本來就是因為環境變遷演進而來，只是經營的模式差異，而「幼托整合」、「教改政策」與「108課綱」正是形成此兩大經營型態之推手，本書藉由作者所創業之模式，從實務中去探討成功的青少年兒童福利機構中之托教事業的企業策略與成功邏輯之所在，而後再將這些關鍵因素與現行托教事業的環境加以延伸與歸納，並系統化地檢驗各創業時期的問題，進而提出未來新的青少年兒童福利機構之托教事業模型。

第三節　從青少年兒童福利機構之沿革找出發展關鍵

　　從上一節末段的三大主軸問題，不僅要從青少年兒童福利機構之沿革探討個別型托教機構的創業起源，而且必須瞭解其追求企業成長與累積資源的過程，這些都是個別型托教機構研究不可或缺的部分。「幼托整合」、「教改政策」與「108課綱」沒有失不失敗的問題，只有適不適合臺灣現況發展的問題。就目前而言，整個社會價值是往「多元價值觀」前進，大方向要對；其他問題都是需要時間來溝通，透過「廣義客觀的研究分析」與「多面向的討論式民主」對話，如此對於臺灣的教育才有正面的意義。所以當雜誌與新聞媒體報導「從數字來看教改的報導說：教育鬆綁，快樂學習，卻讓補習班成長數倍……」，也將「幾十年以來補習班增加數倍」的論點變成教改政策檢討批判之聲，這樣的論述在實務上與事實相差甚遠。其未建立起整合的分析架構模式以提供思考之判讀是無法探討問題的核心。

　　其實青少年兒童福利機構中托教事業的「直營連鎖」與「加盟連鎖」的形成是本書關鍵的主題之一，當然「幼托整合」、「教改政策」與「108課綱」是在這兩大型態經營發展的過程中最重要的政府政策，其彼此間的互動與整合也影響究竟會選擇何種方式為經營重心之觀點。

　　因此本書從青少年兒童福利機構之沿革說明發展關鍵，將以經營策略之探討為基礎，以管理決策之觀念為主軸，輔以相關業者之策略與組織相關理論分析，加以整合比較，並藉由此討論研究出一個可以綜括托教事業之經營模型，串聯各種關鍵因素與成長策略以豐富其經營內涵，並希望此綜括托教事業之經營模型，可以對托教事業產業體系的營運理論與架構有基礎性的貢獻。綜言之，發展關鍵如下：

一、學理

1. 盼透過援引相關學理，並以經營策略為基礎，建立一個可供推演關鍵策略與企業成長整合模式，同時也將相關議題的理論內涵加以豐富化。
2. 依據政府政策對托教事業「直營連鎖」與「加盟連鎖」之影響找出該產業適合的經營模型，並試圖尋找該產業之「企業最高指導原則」。
3. 從實際的資料中選擇具有探討價值的個案作為實例說明，來分析成功的托教事業其成長的邏輯所在，並將這些成長因素加以延伸歸納與整合，作為本書所提出的相關模型之實務基礎。

二、實務

希望透過相關理論之探索以及策略形成之分析，提供托教事業的經營者在面臨現行複雜環境下的經營與管理之道，以更全面和完整的思考架構來建立托教事業體系持續的產業競爭力，並維持競爭的優勢。

第四節 青少年兒童福利機構之托教事業經營環境

以目前青少年兒童福利機構之托教事業經營環境，通常限於質化的闡述，提出的觀念與論述多屬描述性，且關於托教事業之成型與經營模式若想以量化之模式討論似乎並不容易且無法反應現狀，故本書不打算採用橫斷面的量化資料進行說明，因為托教事業的環境變項實在不易量化，由於該產業的特殊性，若執意以數量形式呈現將失去其本質內涵，所以本書是以程序性的理論架構為主導，以作者所創立之企業為藍本，

並輔以相關同業之比較，採取歷史演化的質化分析來說明青少年兒童福利機構之托教事業環境與發展。同時本書也用托教事業個案作爲實例說明，來分析其經營之長處與所需改革之道，找出其間產業變革與成長之邏輯所在，而其中有關政府政策的影響，將一些事實與數據，提出說明，例如升學壓力跟「學生惡補率」有關這一類的問題等，作者想要表達的最重要觀念是「學生是否有自主學習選擇權」，這才是教改政策應該去關心的問題，而不是補習班數目增加與否。這些政策的討論有助於輔助說明托教事業「直營連鎖」與「加盟連鎖」的演變。最後再進一步地推出未來因應此環境而適合之模型架構，嘗試將各項問題之間的變項因果關係加以連結整合於此模型中。

從以上論述可以瞭解本書的論述流程後，繼之說明青少年兒童福利機構之托教事業經營環境分析：

1. 首先針對托教事業產業生態分析，分析現行托教機構之類型與營運模式，並從幼兒園、補習班及課後照顧中心生態的探討比較出兩種產業的經營重心，針對其經營之概念、分類方式，理出這兩者產業之間的相關聯性，區分環境、政府政策、經營策略、組織問題等過程，以具體瞭解研究問題之內涵，爲研究架構之鋪陳做準備。

2. 以作者創立之「直營連鎖」個案做質化研究，從「直營連鎖」之基本政策、個案選擇標準、動機及個案之發展沿革，透過次級資料收集與整理，重新建立起個案原始創業之精神、策略和產業生態環境互動關係，並把「加盟連鎖」個案一同簡介與評論以作爲比較，試圖找出兩者優劣並予以差異化分析，作爲本書相關論述之實務基礎。

3. 依據企業實務資料與文獻理論分析，整理歸納出經營的問題所在，輔以作者對該產業的主客觀之經營經驗，尋求產業發展之策略轉折，發展出一套可以兼納托教事業「直營連鎖」與「加盟連

鎖」之修正經營模型。

4.提出結論，對於青少年兒童福利機構之托教事業「直營連鎖」與「加盟連鎖」之經營提出因應與解決之道，為托教事業找出下一個優勢。

Chapter 2

青少年兒童福利機構
產業生態與分析

- 青少年兒童福利機構中托教事業機構之類型
  與營運模式
- 幼兒園生態
- 補習班及課後照顧中心生態
- 補教業的**Porter**五力分析
- 托教事業平衡計分卡

　　本章共分為四節：第一節闡述青少年兒童福利機構中托教事業機構之類型與營運模式；第二節探討幼兒園生態；第三節探討補習班及課後照顧中心生態；第四節為補教業的Porter五力分析；第五節為托教事業平衡計分卡。而本章節用意在說明現有托教事業的生態，並配合五力分析架構探討該產業之競爭，將托教事業允當陳述。

第一節　青少年兒童福利機構中托教事業機構之類型與營運模式

　　幼兒園是為了解決舊法令托兒所只能照顧小孩不能教育，而幼稚園一教完小孩便要讓他回家，不得留下來照顧的問題，而且幼稚園的門檻較高，故多數人便成立托兒所以規避幼稚園的繁瑣立案程序，但實際經營內容卻是沒有太大的差異，所以為了這個長久以來的陋習及法規漏洞，主管機關將托兒所與幼稚園合併，並更名為「幼兒園」。

　　以下將托教事業機構類型分為幼兒園、課後照顧中心、補習班三個類型簡述。

　　幼兒園主要分為下面幾個類型：

一、幼兒園的類型

1.一般式：為傳統的統一授課，是最早且廣泛的教育方式。
2.單元教學式：以單元為教授模式，有些園所會以每個月為一個大單元，每星期為一個小單元。內容以生活常識為主，採團體教學，老師會設計教案，拓展幼兒的認知能力。
3.語言幼兒園式：分為純美語和中文、美語混雜的雙語，甚至還有德、日等第三外國語，主要的訴求皆是語言，有良好美語能力，才能在國際化的社會保有競爭力。

4.華德福式：著重在「人」，而不是課程，注重身教，不提供玩具，一切設備由幼兒與教師共同製作，是一種烏托邦式的幼兒教育。

5.蒙特梭利式：老師只負責管教，提供設備，讓幼兒自由選擇喜歡的設備來發展，是一種激發幼兒潛能的教育方式。

6.角落教學式：一個有規劃且多樣性的學習環境，幼兒在此環境中能依自己的興趣能力與發展階段，有效的且有系統的完成某一件工作或達成某一學習目標。

7.主題教學式：先從發想網開始，由幼兒與老師先進行討論與發想，再依照幼兒的想法去統整和歸類成概念網，再由老師收集資料後產生主題網，所有教學的中心都會環繞著主題進行。

8.方案教學式：以孩子的構想為主軸來架構主題與課程活動，老師積極地鼓勵幼兒透過口說、肢體或藝術創作來表達並協助他們擬定學習計畫，比較不適合小班以下的幼兒。

9.奧福教學式：以音樂教學法為園所主軸，先從一個音一個音教起，之後才連成一首歌。從模仿老師開始，再由幼兒自主發想，並從合奏課程中培養社交能力。

　　現今的幼兒園，多數是以美語幼兒園為主體架構，但是透過不斷地語言灌輸，對於每位小孩子來說並不一定是適合的，尋找真正適合小孩子的幼兒園，應該回到以小孩為中心的觀點，而不是一昧地用大人的社會普世觀念將小孩送往美語幼兒園。

二、課後照顧中心的類型

　　課後照顧中心的類型有下列幾種：

1.安親型的課後照顧中心：傳統的安親班運作，以輔導小孩寫功課、練習評量參考書或是考卷，有些還會提供點心或是協助家長

安排小孩的晚餐，讓家長在下班後來接小孩時，不用再擔心孩子的功課跟吃飯的問題。然而有些課後照顧中心為了豐富授課內容，便違規提供美語、電腦等才藝課程，導致與補習班經營面的違規競爭，這又是另外一種問題了，本節暫不討論。

2.學校型的課後班：學校在放學之後所提供的課後輔導服務，讓孩子有一個可以寫功課的場所，一般而言是由校內的老師兼任，或是學校委外機構處理服務。學校型的課後班收費非常便宜，因為只是提供一個環境讓孩子可以寫作業；而學校型課後班因為人數的關係，做法會將幾個年級合併在一起，如此也可以培養孩子的跨年級相處能力，在班的老師通常就是看護孩子的功能，少有教學或指導功課的狀況。而學校型課後班通常也會跟學校的社團時間相互配合，達成課後班與社團都能兼顧的學習。

現今課後照顧中心由於立案上的問題不如補習班便利，主要原因是教保員都必須取得學分合格研習後才能擔任，但是補習班教師不用，其實這個問題，目前會有衝突的點是在國小這個階段，補習班不能從事安親業務，課後照顧中心不能從事學科教學，這兩者之間的模糊地帶於法規上窒礙難行。

三、補習班的類型

補習班主要分為下面幾類：

1.才藝類補習班：主軸為學習課業外的才藝，培養學生的第二興趣或是專長，例如圍棋、珠心算、美術、鋼琴等。

2.升學類補習班：也是現在坊間來說最多的補習班，補習的科目是以學校裏的主要學科為主，例如英文、數學、國文、物理、地理等。

3.專業技術類補習班：幫助考取相關專業的證照，以獲取一技之長的補習班，主要招收對象都是以高中以上的學生或是成人，像是廚師、律師、會計師、記帳士等。

　　近年來補習班的類型雖然不脫以上三種，但是自從臺灣的康軒文教集團、冠傑教育集團與日本的動力開關集團三家跨國性教育機構將「個別指導」式的補習班──「臺灣拓人」於民國97年（西元2008年）正式導入臺灣發展之後，經過十年的演變，臺灣的補習班型態有了巨大的轉變，「個別指導」式的補習班已經成為現今主流（康軒文教集團、冠傑教育集團、日本動力開關集團，2019）。

第二節　幼兒園生態

　　近年來由於經濟型態與家庭結構的變遷，直接牽動了臺灣整體的幼教市場，也因為婦女就業率不斷地提高及雙薪家庭的比例攀升，使臺灣幼兒教育的重要性大為提高。包括城鄉的差距與公私立幼稚園不同的經營模式都讓幼兒教育的研究成為現在很重要的課題。再加上進入了網際網路的世代，國人與歐美國家的交流更為頻繁，因此對於幼兒教育的認知也慢慢受到歐美國家的影響，有許多國外幼教理論觀念的導入，新型態的幼兒園也不斷如雨後春筍般設立，又因為長年經濟的不景氣，托教事業成為相對的避險工作，這些後來的投入者也帶動了幼教事業的發展。

　　而目前臺灣的幼教生態，以私立幼兒園、公立幼兒園、再加上非營利幼兒園及準公共化幼兒園（符合「收費數額」、「教師及教保員薪資」、「基礎評鑑」、「建物公共安全」、「教保生師比」及「教保服務品質」等六項要件的私立幼兒園，與政府合作並簽訂契約後成為「準公共化幼兒園」）。整體說來，私立幼兒園的城鄉色彩差異比公立幼兒

園要明顯。公立幼兒園的確在「薪資福利制度」上比私立幼兒園更有保障，條件也更優渥。但是因為近幾年來政府重視幼兒教育，政策的推動除了有幼教的補助外，國教向下延伸一年、準公共化幼兒園及幼教公辦民營的措施等，對於臺灣的幼教生態起了根本上的變化，加上因為少子化導致近幾年來幼兒就學人數的銳減，也讓以前幾乎沒有招生壓力的公立幼稚園開始有危機意識。加上在臺灣一般家長除非是經濟的狀況，大多數仍然以私立幼兒園為首選，因為臺灣的家長對於公立學校完全以幼兒人格發展及體能為主的教學導向，擔心自己的孩子會輸在起跑點，隨著社會化的競爭壓力，家長自己也因為受到社會化環境的影響，希望讓自己的小孩就讀的幼兒園能夠教育多元化、才藝化、多種語文學習化等，進而造就了許多培養全能幼兒的超級幼兒園，附帶的就是有些園所學費也是超級的貴，無奈在社會價值虛榮心的作用下，這些園所也找到它的市場定位，當然也因此家長的教育支出負擔更加重了。

　　相對於都會區奢華型的幼兒園型態，則是屬於普遍存在於鄉鎮地區較為傳統與老舊的幼兒園，這些幼兒園大多設備簡單，有些光線不足，通風的要求也未達標準，而且在教室內提供孩子操作的教具或是學習角落的布置也不足，教室以課桌椅及一些櫃子為主，而且戶外提供孩子遊戲的設施也明顯不夠。同樣的差異也出現在公、私立幼兒園。在臺灣，一般公立幼兒園大都附屬於國民小學，只有少數幾家幼兒園屬於市政府所管轄。一般而言，國內的公立幼兒園，不論在整體環境的規劃及遊樂器材的設備上，往往較近幾年剛成立的私立幼兒園來得少。

　　所以從上得知目前幼兒園的生態確實是值得探討的，茲說明如下：

一、四個癥結

　　現今幼兒園生態錯綜複雜的問題主要源自於四個癥結：

(一)幼兒園在經營定位上的不明

1.由於未將幼兒園定位為學校，所以有時候以「教育機構」，或有時候又以「營利機構」視之，形成幼兒園管理及專業上之混淆不清。

2.幼兒園多為混齡，甚至還有違規經營國小安親課輔班的情形，造成幼保功能不彰，影響幼教專業形象之建立。

3.準公共化幼兒園的施行，也形成私立幼兒園因為學費收入的變化問題導致定位不明，也造成現今實際執行面的盲點。

(二)幼兒教育在國內仍未成為一個專業的學門

1.幼兒園老師的來源短缺，對於人力資源的量不夠，因此影響了素質。

2.幼兒園師資培訓機構與幼教專業團體的功能不彰，從而影響幼教專業形象的建立。

(三)影響幼教生態之環境，造成執行層面上的複雜

幼兒園的發展著重在學習等相關環境對於幼兒生活上與發展上的影響，但是目前有眾多影響幼教生態之環境，也造成執行層面上的複雜，導致該問題無法忠實呈現。

(四)社會大眾的認知不足

社會大眾對於幼兒教育的認知，普遍來說多不夠而且也不夠重視，形成幼教專業運作困難。

二、兩大問題

上述四個癥結進而形成幼兒園的兩大問題：

(一)幼兒園教務行政與執行政策的問題

包含了下述的內容：

1. 無法擁有足夠的專業幼兒園行政機構與人員：所造成的結果是人力不足，影響業務之推展與執法的成效；以及行政人員不具有幼教專業背景，影響到幼教政策的制定與執行。經營者因為成本因素無法備足足夠的專門人員。

2. 幼兒園的資源分配不均：此包括幼兒園體系經費與其他教育體系經費分配不均、公私立幼稚園不均，以及其他準公共化幼兒園及非營利幼兒園的定位不明，加上特殊幼兒教育的經費也普遍不足。

3. 產業制度之不健全：例如包括幼兒園公立與否的問題、評鑑制度之完整性不足、透明度不夠與無法落實輔導制度之問題以及獎勵補助制度不足等問題。

4. 幼教相關法令及法規的不合理與不周延問題：像是《幼兒教育及照顧法》的盲點，幼兒園教師的區分與專長領域分類不明確等。

5. 以生態環境理論為評估重心與實務上的不合：政府在制定政策的時候，總是想去規劃他們所認為好的產業生態環境給幼兒園，但是在實務上如果單就環境一項的因素就想要瞭解幼兒行為而不去探討其他因素的特性，對於幼兒園所處環境之評估與規劃，似乎也就太過簡略了。

(二)師資培育問題

　　師資是幼兒教育最重要的一部分，而幼兒師資（幼兒園及國小低年級老師）的培育、養成與在職教育的課程及教學問題，以及幼教科系所的設置也受到教育部的控制，進而形成幼教師資質與量的問題，接著就進入實務工作領域前的實習階段的品質控管問題，都會影響到整體幼教師資的培育。

　　幼兒園的行政政策與師資培育等問題，造成幼兒園老師的高流失率與流動率，間接也造成部分不合格幼兒園老師充斥，例如像才藝教學、課程智育取向及老師的懈怠等幼兒園的經營問題。

三、六項建議

　　根據上述的發現，作者提出以下建議，說明如下：

(一)將幼兒園以學校的方式經營與定位

　　幼兒園的經營其實牽涉到這些國家未來主人翁的學習養成基礎。現行法令將幼兒園定位為「教育機構」，但不論是從學術定義、各國學制系統來看，幼兒園都應為學校。雖然，將幼兒園定位為學校會增加教育行政單位的責任與投資，但是其未來報酬率卻會是投資的數倍。將幼兒園定位為學校，並不表示就將幼兒教育「制式化」，而是在於給予幼兒教育行政及幼教老師一份教育事業應該有的合理權利與義務。有些人認為將幼兒園定位為學校，幼兒園業者會只有享受優惠權利，而不去盡義務，但是不要忘了權利義務本來就有法規的規範，如有疏失，大多係因執行的不當或不力所致，而不是因為將幼兒園定位為學校。因此，幼兒園定位為學校才是應行之道。

幼兒園變成學校後，教育行政單位的職責自然會增加，因此，就更需要專職的幼教行政單位，由足夠且具有幼教專業背景的人負責，才能妥善規劃我國幼兒教育的發展及督導幼兒園能確實建立人事、會計、行政、總務等制度，教育行政當局便可用「學校」應遵守的人事、會計、行政、總務等制度來規範幼兒園，以解決目前幼兒園老師普遍薪資福利低落、不合格老師充斥、設備不足、負責人不具有幼教專業、理念等問題。另外幼兒園也可享受稅賦上之優惠、接受政府的補助、減輕營運壓力，自然就可以解決幼兒園「利益導向」所產生的種種狀況，進而解決因政府人力不足及決策過程專業性不足所帶來的問題。

(二)國教向下延伸三年從三歲幼兒即給予義務教育

有鑑於幼兒教育對兒童未來發展的重要性，政府應確保幼兒從學前的成長階段，就能得到妥善的照顧及學習成長，將幼兒園學校化之後，直接從小班、中班、大班開始為期三年的學校良好品質之學前教育，所以提供三到五歲的幼兒三年的義務教育模式是作者認為最根本解決的辦法。

(三)增設公立幼兒園及提高準公共化幼兒園水準

建立幼兒園專業機構的認定制度，定期評鑑國內之幼兒園，以提高國內良好品質幼兒園的家數。另外，政府的行政單位也應該定期調查或研究，評估有意願上幼兒園之幼兒人數，再與國內良好品質幼兒園及公立幼兒園所能容納之人數作對照。如果現有良好品質的幼兒園無法容納所有想入幼兒園的幼兒，則政府須視需要設立良好品質之公立幼兒園或提高準公共化幼兒園的家數（當然對這些準公共化幼兒園一定要通過專業機構的認定及評鑑），一方面確保國民義務教育之落實，另一方面確保幼兒所接受之學前教育品質良好。

(四)幼兒園教師應有專業級的國家政策培育管道

作者主張服務三至六歲幼兒園的教師，都應修畢大專程度以上之幼兒教育專業學程或上完政府委訓之替代課程，也就是爲了提供三至六歲的幼兒，一致性的品質教育及保育能力，所以幼兒園教師應有專業級的國家政策培育管道。

(五)整頓幼教專業機構與團體，增設幼兒教育研究所，增進幼教老師及專業團隊之專業素養及公信力

幼教專業機構與幼教專業團體是幼兒園得以持續改進與幼教師資專業化的重要主角。因此，設立幼教相關的研究所，以培養本土化、實務與理論兼具的幼教相關研究人才，進而促進幼教專業理論與實務基礎的建立；同時，由政府組成評鑑與整頓現有之幼教專業機構及團體，並給予適當的督導及補助幼兒園，協助其持續的改善、進步、運作之方向及內容。

(六)強化社會大眾及國、高中學生有關幼教正確理念之宣導

普羅大眾由於對幼兒教育的認知不足，而導致在早期學習階段錯過了黃金刺激期，作者認爲透過政府機構有組織的宣導及在校老師的輔助，對於在學習教育階段遭遇困難時，可以從幼兒階段所發生的事件過程來追蹤探討，畢竟所有事件的發生一定有源頭（簡楚瑛、廖鳳瑞、林佩蓉、林麗卿，1995；冠傑教育集團，2018）。

四、幼托整合之後的四項政策目標

這些年來臺灣社會不斷朝向多元、開放的方向發展，隨著政府對

相關幼兒教育政策的推動，從以往幼兒教育券的發放、幼托整合的計畫及國民教育向下延伸計畫等種種新的政策，幼兒教育的重要性已經無庸置疑了。然而卻在幼教老師無法建立應有的尊重及認同，加上私立幼兒園在激烈的競爭環境下，趨向企業化，以講究廣告包裝的外表行銷策略，完全抹煞了幼教精緻的教育內涵。在薪資福利及工作的保障上，私立幼兒園大多不如公立的幼兒園，這種情況造成了私立幼兒園幼教老師流動率提高。而目前鄉鎮許多的幼兒園仍維持一般單向填鴨性的教學方式，課程的設計偏重於課業上的學習科目（例如：數學、美語、珠心算等），儼然就是國小先修班的型態，無法落實完整培養幼兒人格發展及學習的幼兒教育目標，所以因為地域的差異所造成的幼教學習落差實在非孩童之福。

政府政策在幼托整合之後，朝向達成之前幼托整合推動委員會組成之初所設定的四項政策目標，即：

(一)整合運用國家資源，健全學前幼兒教保機構

幼托整合致力於整合國家的幼托行政架構，並整合運用國家、社會資源，致力於健全學前幼教機構。

將學前幼教機構改為教育部門主管（以往幼托整合前，幼稚園是教育部門主管，托兒所是社會部門主管），目的在於使事權統一，不至於產生雙頭馬車，無所適從，以助提升行政效能，引導各類幼教機構依法規行事。

「公共幼教體系」與「私立幼教機構」分流並存的設計，一方面能夠讓政府及民間力量充分結合，致力於健全弱勢家庭兒童就讀的幼教機構，另一方面能夠讓私立幼教機構充分善用自由市場機能追求多元與卓越。

(二)符合現代社會與家庭之幼教保育需求

「公共幼教體系」的設計，目的在於讓一般（含弱勢）幼兒享用平價、便利性高、具有良好品質之幼教服務。在貧富差距持續拉大，婚姻關係的不穩定變高，婦女需要外出工作維持家計，家庭的功能相對薄弱，中低收入的城鄉移民、隔代教養及外籍配偶家庭幼兒普遍有適應困難，以及現今網路世代的幼兒生活環境，處處充滿危險因子的時候，越來越多的幼兒迫切需要平價、離家近及便利性高的托育服務。現行政策是由政府給予弱勢兒童公設幼教服務，然而，公立機構提供的服務時間不符合雙薪或單親父母之工作需求，而且也不夠普及化，便利性甚低，以至於弱勢家庭兒童因為接送不易或時間無法配合而無法使用，造成品質較高之公立機構多為優勢家庭幼兒使用，以及品質較低之公立機構乏人問津之逆向分配，造成浪費國家資源的現象。公共幼教體系應藉著結合社會力量，提高就讀的便利性、價格合理化及針對幼教領域的專業主導，讓更多弱勢幼兒享受良好的幼教機構服務機會。這樣一來公共幼教體系便可以發揮普及支持弱勢家庭、協助父母安心就業、強化弱勢幼兒的能力、預防社會的弊害等功效。

另外，在貧富差距不斷拉大、中高收入家庭希望讓小孩接受較昂貴且高品質的時代趨勢下，私立幼教機構在充分運用自由市場機制，提供多元且高品質的服務項目，一方面可以滿足部分家長的需求，為社會培育多元人才，另一方面也可以發揮幼教實驗之功能，不斷開發更卓越的幼教學習方案。

(三)提供幼兒享有同樣良好的教保品質

當年幼托整合之前，幼稚園與托兒所的二分，是來自於部分家長對於幼兒教育的偏重，及為了外出工作的家長而產生的托育需求。因此引

發幼稚園要求提供教育，托兒所僅求全日托育的二分制度。然而，在幼兒教育及托育兩種服務成為普遍的共同需求之後，幼稚園和托兒所迫於時代潮流，都提供混合幼兒教育與全日托育兩種服務，制度上的二分便不再有實質的意義。因此，幼托整合將兩者融合稱為「幼兒園」，不再區分幼稚園與托兒所，以前因為幼兒上兩種不同機構而來的差別待遇，尤其是服務品質上的差異，將自此消除。

然而，在貧富差距不斷拉大的新世紀，「提供所有幼兒同等教保品質」的國家政策目標，有需要靠進一步的制度設計，才能達成，於是便有了「公共幼教體系」的設計計畫，到今日形成公立幼兒園、非營利幼兒園、準公共化幼兒園及私立幼兒園四大類型，希望藉著社區化、價格合理化及幼教專業自主化，有效提升非優勢家庭幼兒的參與幼教比例及提升幼教機構的服務品質。

至於私立幼兒園，目前的最大弊病之一，就是在於良莠不齊，品質的差距極大。私立幼兒園的鬆綁與付諸自由市場的運作，輔以公共幼教體系之擴大建立，都有助於淘汰劣質、沒有競爭能力之私立幼兒園，尤其是未立案者，因此有助於確保私立幼兒園的幼兒教保品質。

(四)確保已經立案的私立幼兒園之教保人員的品質

我國眾多的幼教與幼保科系所或科別，歷來所培訓龐大之合格幼教人員，造就以往幼教就業市場一直處於供過於求之狀態；職場上不合格人員比例偏高之現象所反映的，是「人才流失」，而不是「缺乏人才」，如今此狀況已經翻轉，目前反而開始出現人才難求之困境，針對這項困境，從以往幼托整合時期嘗試提出的解決辦法，仍是「公共幼教體系」與「私立幼教機構」並立的設計。「公共幼教體系」將能容納較多的合格專業人員（包括兼具幼教專業人員資格之私立幼教機構經營者，他們可經一定程序轉型進入公共幼教體系），讓他們可發揮專業自主性，並使他們的合法權益得到合理的保障，包括薪資、工時、職訓

等，到現在人才難求之後，卻也因為少子化的來臨，先前過多的人才大多已經轉業或退休，讓市場機制上取得暫時的平衡，可是幼教科系所的人才因為該體系長期以來的薪資福利無法跟上社會環境的變遷，就讀人數逐年下降，終於導致現今人才難求之困境，所以國家政策的滾動性調整是有必要的，方能解決此一困境。

至於私立幼兒園所面臨的困境是：少子化使幼兒數量減少，失業率升高及貧富差距不斷拉大之後，使有能力負擔私立幼兒園服務費用的家庭減少，加諸國人「一窩蜂追求流行」的心態使父母偏好較有噱頭的幼教服務，影響所及，私立幼兒園紛紛投入競爭，不惜拉高經營成本。總之，需求減少與成本增加，是私立幼兒園共同面臨的難題。

「公共幼教體系」將鼓勵現有績優私立幼兒園，尤其是幼教專業人員自營之社區化園所，轉型進入此體系。「私立幼教機構」方面，則將其限制做大幅度鬆綁，委諸自由市場運作，提供具有競爭力的良好幼兒園較佳的發展空間，此外，政府也將訂定辦法，鼓勵合法私立機構參與對於弱勢兒童的服務。以上做法，在社會、經濟、家庭、人口結構不斷變化的今天，無疑是對於私立幼兒園提出轉型及存活之合理協助的一種努力，當然根本之道，還是要回到品質的控管與競爭力（內政部、教育部幼托政策整合推動委員會，2003；冠傑教育集團，2018）。

總而言之，使公共幼教體系與私立幼教機構並存的制度，能夠發揮滿足多元教育型態的需求，對於弱勢家庭及其兒童相對友善，有效提升專業人員的權益保障，協助私立幼教機構因應時代趨勢轉型經營等功效，應該是家庭功能的薄弱化、全球化的經濟導致貧富懸殊之時代，滿足社會的需求、預防社會的弊病並且普遍提升幼兒教育品質之良方。

第三節　補習班及課後照顧中心生態

　　這些年補習班的生態有相當大的改變，在經濟不景氣之下，補習班依舊是行業中的熱門，也是相對避險的產業，國內的補習班已經超過一萬家。補習班有補一般升學的、才藝的，甚至感覺統合、體育等，以目前來說，國內最主要的補習市場是升學補習班（在國小的部分，補習班與課後照顧中心在學生來源有重疊之處）。補習班走向專業化與企業化經營，課後照顧中心著重在學生安親保育。補習班從補習單科，到全科包辦的課業輔導式補習，不論年級或是科別，補習班將所有相關考試的特殊教法都備妥了，除了進研究所、公私立大學、二技、五專等補習班之外，即便在大學、研究所畢業以後，也還是有各種高普考、托福考、留學考、資格檢定考，甚至新聞、外交特考的跨越職業門檻的專業補習班，除了散布各地的補習班，我國更發展出成行成市的「補習街」。而南陽街正是臺灣「補習文化」的演進縮影，這些都是團體補習班的演進過程。而相對課後照顧中心是由前身兒童托育中心演變而來，性質上沒有太大轉變，只是管理機構從社會局變成教育局。隨著少子化，團體補習班已經無法招收到足夠的學生，於民國94年（2005年）冠傑教育集團首度在自己所轄教室將臺灣施行已久的團體補習班生態正式改制為「一對四的專業個別小組教學-PI4」，為精緻化補習班生態之開端，甚至後來民國97年（2008年）在臺灣康軒文教集團、冠傑教育集團及日本動力開關集團合作下，引進發展出跨國性「個別指導」的教學模式，為臺灣首度跨國性文理補習班，也是臺灣精緻化文理補習班進化到一對一個別指導教學模式的濫觴，對於臺灣補習班生態的轉變造成關鍵性與決定性的影響（冠傑教育集團，2005；康軒文教集團、冠傑教育集團、日本動力開關集團，2019）。

　　而關於升學補習班的演進，以下用年代來分別說明：

一、民國五○年代初期

　　當時全臺灣各地升學補習班並不如現在一般的普及化，許多的學生因為考不上大學，或是進不了理想的科系，於是就來到臺北尋找重考班補習（當時重考班多在臺北）。當時的南陽街因為房租便宜、距離火車站又近、再加上選擇的店面較多，許多升大學有辦理重考的補習班，開始往這個地區集中開設，南陽街的補習班仍是許多人的共同印象。

二、民國六、七○年代

　　補習業的發跡在民國六、七○年代才算正式開始，當時的補習班老師大多由學校教師兼任。教師在校外兼課，一方面可以增加收入；另一方面，在補習班教課時，受到進度、教材及上課方式的限制較少，當時最流行「名師」制度，而且每位名師都要有一套完整的整理重點、壓縮教材及速讀速算的絕技，能將課本重點整理成一本本的精緻講義，用速算法、聯想法、口訣法和數字編排法等各種絕招，將考試的重點透過整理過的速記方式塞進去學子的腦袋中，再加上幽默風趣的笑話，遂成名師的SOP。因此在當時的時空裏，既然講究名師，品牌當然是第一考量。例如「曾任教北一女、建中」，或是出身於「臺大」、「師大」等名校，便成為補習班的宣傳與招生重點。

　　後來因為教育單位發現在校老師兼差嚴重，甚至影響到學校的教學而開始致力抓補取締，嚴格規定學校任課老師不得在校外補習班兼課，補習班不敢再明目張膽地以學校任教老師為宣傳與招生招牌。在此環境下，補習班轉而講究高級硬體設備、售後服務強化（教完課後有專業的輔導老師幫忙解答不會的試題、改作文、背英文單字等）及以升學率高

的號召與宣傳等招生方式的開班策略,因而被大量地使用。在民國76年間,臺北一家補習班,採用跟賣房地產一樣的行銷戰術,大量訓練補習班招生人員,大批訓練工讀生,到百貨公司或校門口等青少年常去的地方,採人海戰術拉人招生,是為後來補習班行銷策略的先導,現在仍有補習班行銷方式採用這些範疇。演變到後來變成招生人員比上課老師重要的乖離現象,但是在激烈的競爭下,教學品質與成績進步還是成為最實際的市場主流,成績掛帥成為當時主要賣點。

三、民國八〇年代

補習班繞了一圈又走回頭路,再度以「名師」為招生主軸。但跟以往不同的是八〇年代的補教界名師有將近三分之二以上老師沒有在學校教過課,即使是學校的老師也是退休後才來補習班上課。這時大多數的名師通常都還在讀大學或畢業的時候,就被網羅到補習班授課,其實本書作者也是在這種背景下進入補教界。而這些老師的特色是幽默風趣、口齒清晰、教課生動且因為年齡相對而言比較接近學生,因此很討學生喜歡。跟以往不同的是這些新生代補教界的名師,很多都是在一些大型的補習班一手策劃之下,如同培養明星一樣,將他們扶植起來。因此年輕、有活力,加上外表——男的多半英俊瀟灑,女的多半美麗大方就成了必備的條件,所以除了課要教得好之外,其他可以包裝的外在條件也非常重要。

於是有些補習班在包裝名師的過程中,將名師照片、圖樣在補習班大門口掛起來主打,強調該補習班名師天王天后巨星雲集,更在公車看板或電視第四台廣告上擴大宣傳,有的名師擅長說笑話或是喜歡運動,甚至抱著小孩的慈祥父母形象等都是賣點。補教界的人士都說,這是迎合當前的趨勢,採軟性訴求,以年輕學子喜歡帥氣、漂亮的明星及迎合父母、年輕學子的需要。由於國、高中的孩子,多少都會有偶像崇拜的

傾向，以名師包裝為號召只是投他們所好。不過青春時期國、高中學生的同儕心理也扮演著非常重要的角色。許多國、高中學生是因為同學都來這裏補習，所以我也要來的同伴心態，同學間下課的話題就是聊一聊補習班名師的美醜、講了什麼笑話等，在繁重的功課下，的確可解悶並舒暢身心，甚至在學校中，你是在那裏補習的同學，還會各分派系，如數學解題採用某某派見解，自成一個團體並互相認為自己補習班老師的方法才是最好。這時期補習班名師「明星化」的傾向非常明顯，每個名師的班級人數從二百、三百到四百，甚至到了六百人為一班的畸形現象比比皆是。於是有以全世界最大的教室為標榜，還將教室分成許多區域，越早報名的區域越好，這又成為補習班另一個招生訴求，跟明星演唱會劃位有異曲同工之妙，離黑板較遠的，看不到老師臉孔的，就以同步錄影的大型電視機輔助教學，稱為一般座位區，而相對於一般座位區，坐在老師面前，最靠近老師容顏的為VIP特區，有如演唱會的搖滾區一般。而報名的人潮，可以從半夜排起，因為VIP特區一位難求。

四、民國九○年代

　　九○年代的補習班，大專院校的在學生成為工作主力，有許多仍在就讀大學的行政導師成為補教界的中心分子。而主要的招生人員，都是已在或曾在補習班就讀的學生，透過他們的人際網絡如親戚、朋友、鄰居及同學，像老鼠會一樣，一個可招十個到班裏來。對孩子來說，到補習班「工讀」，不管是打電話請人來試聽，或是到補習班幫忙，協助照顧學弟妹，這樣的工作又輕鬆，又沒有時間限制，又可滿足年輕人打屁賺錢的快感。更重要的一個問題是，在課餘之暇，這些孩子不到補習班，能到哪兒去家長比較放心呢？現在父母都忙，補習班的確是家庭之外，一個可以讓人比較放心的打工場所。更何況，在課業上，補習班也的確可以幫助孩子補足信心，而且當孩子碰到課業上的疑難雜症時，與

其擾煩父母，不如交給補習班代勞。說起來，補習班還好像發揮了社會福利功能，間接地解決不少家庭的問題呢！而補習班的廣告也已經脫離了地攤式的叫賣方式，跟汽車廣告一樣，也注重起「企業形象」來了。但從內容訴求看來，補習班標榜的形象：崇拜名校，講究排名、明星老師、追求嶄新大樓、科技電腦等進步設備，從某個角度來看，不也就是你我奮勇向前追求的社會價值嗎？

五、近年以來至今

英國專家發現，臺灣兒童的數學能力，比同齡的英國學童先進兩年，因此大大呼籲修正英國式教學，改採臺灣式的上課模式。還記得在晚飯時刻，英國一家電視公司的攝影機對著南陽街補習班的學生群並配上感性的語調說：「今天是週五晚上，學生們都在這裏，看看他們排隊，為的是什麼？」「為了教育！」報導者權威地作了結論，其實這只是臺灣補習班生態的縮影罷了，而真正令大家震撼的還是補習班全面進入這個社會並融入這個社會，進而形成整個臺灣的教育社會現象。直到現在補習班已經全面進入我們社會大眾的生活圈了，從升學文理補習班的充斥，到幼稚園小朋友也在補習語文、資優數學、珠心算等，考律師、會計師等的專業證照補習，好像什麼都能補，補習的方式實體、線上、函授教學都有，前面所談的是以升學文理補習班為主，但是其他類型的補習班現在也非常多，在臺灣，補習班如此大量地存在。

現在立案的補習班也講究氣派班舍、裝潢先進，並符合人體工學設計的上課設備，以五星級飯店的廁所為設計藍本的廁所，甚至還有學生餐廳、咖啡店等複合經營形式。教室隔間及天花板全採耐燃一級建材，還有超過美國國家標準的照明設備。除了這些硬體設備外，補習班老師的教學模式，也講究效率與內容印刷精美，講義由專業的編輯委員編寫，改考卷或作文有專責老師，學生到班點名採資訊化設備（例如：

卡片或指紋等感應模式），透過語音或簡訊系統，父母立刻就可以知道孩子出缺席情況，考試答案卡由電腦閱卷，學生一考完試，就可以知道自己的成績，與硬體設備的改善同步。尤其現在最流行的「臺灣拓人個別指導」補習班，以日式設備、資訊化檢測系統、跨國籍人才導入與訓練，以及為每一位學生量身訂做的教材等超級軟性、有如置身舒適的家一般的補習環境，澈底改變臺灣補教界流行與經營的趨勢。如今的補習班已經不再是補習班傳統的模樣了，以舒適軟性的訴求讓家長與學子覺得補習班是家中另一個協助者的形象。

　　作者想要補充一下，課後照顧中心與補習班之間的管理區隔實屬不易，這兩者在上課年齡區間上，國小部分是重疊的，依規定課後照顧中心只能擔任安親保育的托兒輔助工作，不能做學科才藝的教學；補習班可以做學科才藝的教學，但是不能從事安親保育托兒，光這個點在管理上就非常曖昧。所以實務上課後照顧中心加上美語、才藝等相關科目比比皆是，畢竟安親保育托兒期間，如果功課已經完成，學生在等父母到班前的空檔時間，沒有適當的有趣課程或學習安排，也無法符合家長與社會大環境下多元學習的期待，惟一但有上課行為，又違反規定，這個部分非常需要主管機關思考如何改進法規上的盲點。作者認為如果在國小這個階段，將課後照顧中心與補習班合併為一個新名稱，例如：國小課後補習中心，此中心的管理規定將托育、學科及才藝等師資及相關規範，參酌課後照顧中心與補習班現行規定加以組合，讓這個實務上的盲點可以解套，或許是一個可以根本解決實務上管理法規不易執行的方式，就如同當年將幼稚園及托兒所組合成為現行實施的幼兒園一般，以上淺見。

六、教改的影響

　　最後作者想要說明「教改政策」對補習班的影響為何？

　　作者以為縱使教改在原始的用意是要讓學子不再為升學而感到壓力，也透過增加許多學校來提高學生的升學率，不過經過多年的觀念宣導與執行，仍有不少家長還是停留在從前明星學校的迷思中。所以補習班也因為這種矛盾的心態而如雨後春筍般地設立了。所以作者覺得根本還是家長觀念的問題，教改政策執行到現在，例如：教科書的問題，當然也是補習班的助力。從教科書開放民間版本一直到取消聯考實施推甄及基本學力測驗、申請入學、會考等制度，感覺上都只是在評鑑制度的改變而已，教育改革應該不只是這樣，而是應該確實的落實德、智、體、群、美五育均衡的教育目標，否則無論怎麼改，焦點還是放在考試上，學生受到的教育不均衡，將來的競爭力與價值觀自然受到曲解。目前的教改政策，對家境較為弱勢的家長來說，造成很大的一個經濟壓力，也尚未達成讓孩子們可以公平擁有更好的學習環境，經濟的優勢者仍然能讓孩子擁有更好的教育環境與教學資源，也因為教改政策中有關升學的過程，非常重視其學習成長經歷（例如：108課綱中的素養教育與學習歷程），所以經濟較優者在這方面當然是有優勢的，隨之而來的是補習班為了因應教改政策而修正的補習教學模式。所以如果說因為教改政策所以造成補習班因而倍增的說法，作者認為或許過於簡略。因為並不是教改政策讓補習班得以更有市場，否則就不會發生臺北市教育局統計補習班家數時首度出現補習班倒閉的家數大於新設立的家數，而且倒閉者不包括未回報及未立案者，補習班負成長的訊號已經亮燈了。

第四節　補教業的Porter五力分析

一、新進入者的威脅

　　新進入產業的廠商會帶來一些新產能，不僅攫取既有市場，壓縮市

場的價格，導致產業整體獲利下降，補教業的主要潛在威脅者如下：

1. 家教：家教爲大學生最受歡迎的打工方式，因此大量的家教便會影響補教事業的發展。

2. 小型與家庭式補習班：由於進入門檻低，許多小型與家庭式補習班（多未立案）如雨後春筍般設立在不起眼的小巷中，尤其因爲成本較低，於是用低價策略吸引學生，如此做法對於補教事業整體來說影響極大。

3. 個體戶——保母或老師自己在家開班授課：一個保母可以帶很多的學童，價格也不高，相當得到家境弱勢的客戶青睞。而老師自己在家開班授課，有時候連課桌椅的設備都省了，餐廳、客廳桌椅都成了上課的地方，學費價格方面就全賴老師自己開價了，無法可管。

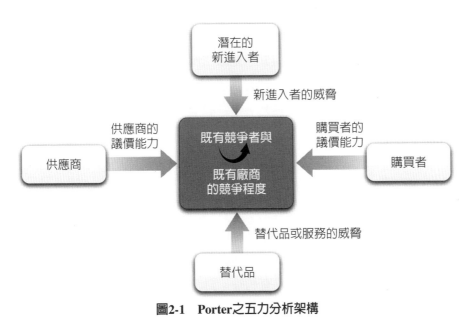

圖2-1　Porter之五力分析架構

資料來源：工業技術研究院，國際合作知識網。

二、供應商的議價能力

供應者可調高售價或利用降低品質來對產業的成員施展議價能力，進而造成供應商力量的條件與購買者的力量互成消長，補教業的供應商主要有教材與課程兩個方面：

1. 教材：例如採取與上游廠商合作教材的製作及編寫，透過合作的方式可以降低補習班購買教材的成本。
2. 課程：例如升學類的補習班也可以與一些才藝類的補習班合作，像是美術、圍棋、珠心算等，兩者合作可以豐富彼此課程開班的多元化，惟需注意的是必須透過增設立案科目，以免違規經營。

三、購買者的議價能力

購買者對抗產業競爭的方式，是設法壓低價格，爭取更高品質與更多的服務，補教事業主要的購買者為學生或家長，在策略上必須以優秀的教學品質讓學生的滿意度提升，學費的價格讓家長可以接受，才能脫穎而出。

四、替代品或服務的威脅

產業內所有的公司都在競爭，他們也同時和生產替代品的其他產業相互競爭，替代品的存在限制了一個產業的可能獲利，當替代品在性能和價格上所提供的替代方案愈有利時，對產業利潤的威脅就愈大，補教事業主要替代品的威脅來自於：

(一)線上網路補習班

現在的學生多習慣待在電腦前面，利用便捷的網際網路就可以滿足他們的許多需求，於是現在的宅男宅女型學子油然而生，線上的網路補習班也因此開始盛行。

(二)函授補習班

有些學生認為擁有同樣的教材，便可以有同樣的學習效果，因此只願意透過購買函授的教材來溫習與強化自己的學業能力，而不願意花時間去實體補習班補習上課。

(三)已錄製好課程（光碟、檔案或線上下載模式）的補習班

利用已經錄製好的課程，透過螢幕撥放方式或線上下載後撥放方式上課，最大的優點是可以讓上課的時間更有彈性，惟學生有問題時無法向老師發問，變成只有單向的授課方式。

五、現有廠商的競爭程度

產業中現有的競爭模式是運用價格戰、促銷戰及提升服務品質等方式，競爭的行動如果開始對於競爭對手有產生顯著的影響時，就可能招致還擊，若是這些競爭行為愈趨激烈，甚至採取若干極端化措施，產業就會陷入長期的低迷。現在補教事業的價格戰更是趨近白熱化，甚至有些補習班的促銷手法只要報名就送高額贈品，使得現在若要在補教事業生存，除了品質、價格外，甚至吸引學生的獎學金及贈品誘因都變得比以往重要。

第五節　托教事業平衡計分卡

一、平衡計分卡在托教事業經營策略應用之意義

　　平衡計分卡具備改善傳統績效評估制度缺失的特性，能將績效評估制度和經營策略相結合，成為相當有用的策略性績效管理制度。基於此，平衡計分卡對於托教業經營策略具有相當程度的輔助功能。平衡計分卡之架構如**圖2-2**。

二、平衡計分卡在經營策略應用之功能

　　傳統之績效衡量指標強調財務方面的成本考量，此種方式所建構之指標，將容易喪失組織長期的效能與獲利能力。托教事業當前應關注之焦點，應該著重在顧客的反應、服務品質、產品創新、產品選擇彈性之綜合性的績效衡量模式，事實上平衡計分卡正好提供了相關指標衡量的模式（Martin, 1997）。

　　Kaplan及Norton（1996）認為，由於平衡計分卡引進四項新的管理流程，因此，在經營策略上具備有別於傳統管理制度之績效衡量功能：

　　1.澄清並詮釋願景與策略。

　　2.溝通與連結。

　　3.規劃與設定目標。

　　4.策略的回饋與學習。

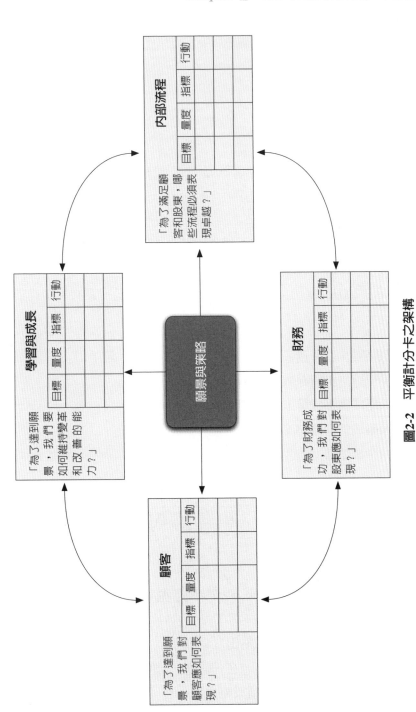

圖2-2 平衡計分卡之架構

資料來源：Kaplan & Norton (1996). Using the balanced scorecard as a strategic management system. *Harvard Business Review*, Jan.-Feb., p.76.

MacStravic（1999）認為平衡計分卡有六項功能：

1.增加顧客之洞察力。

2.重新調整組織內部的運作。

3.使內部股東滿意。

4.能獲得顧客。

5.加強與顧客之關係。

6.增加顧客的忠誠度。

Hanson（2000）強調，平衡計分卡主要之功能在於協助組織中的每個成員集中心思為未來之發展而努力。

郭峰志（2003）歸納文獻分析結果，認為平衡計分卡具有下列五項功能：

1.將策略轉化為營運名詞。

2.調準組織以創造綜效（synergy）。

3.讓策略成為每位員工每天的工作。

4.讓策略成為持續的流程。

5.藉由企業領導推動改革。

從這些功能我們可以瞭解如果以平衡計分卡去評價托教事業的經營可以讓許多的策略予以量化分析，並且透過與顧客之間的滿意度評估來強化托教事業組織的經營管理。

三、托教事業導入平衡計分卡之模型

在平衡計分卡方面則共歸納出「財務」、「顧客」、「內部流程」、「學習與成長」四大向度，在「財務」向度下，訂出「社區資源開發」、「社區資源運用」二項策略主題；在「顧客」向度下，訂出

「顧客滿意度」、「品質提升計畫」、「售後服務」三項策略主題；在「內部流程」向度下，訂出「行政流程」、「政策創新」、「溝通互動」三項策略主題；在「學習與成長」向度下，訂出「經營團隊學習」、「進修成長」、「工作績效評估」三項策略主題。並依各策略主題再發展出更為具體的策略目標，藉以建構出以平衡計分卡為基礎的托教事業經營策略指標，內容如**表2-1**所示。

表2-1　BSC在托教事業經營策略應用之指標

向度	策略主題	策略目標
A.財務	A-1.社區資源開發	A.1.1.規劃增進社區資源互動方案。 A.1.2.招收社區學子開闢托教事業的財務來源。 A.1.3.鼓勵老師爭取社區資源。
	A-2.社區資源運用	A.2.1.建立財務績效評估與成果測量指標間之因果關係。 A.2.2.善用托教事業與社區資源。 A.2.3.兼顧政府編列之預算與社區資源的運用。
B.顧客	B-1.顧客滿意度	B.1.1.提升托教事業在市場的占有率。 B.1.2.激勵教師在托教事業服務的延續率。 B.1.3.加強學生在托教事業就學的延續率。 B.1.4.強化親師關係。
	B-2.品質提升計畫	B.2.1.提升教師教學的服務品質。 B.2.2.提升對學生的服務品質。 B.2.3.提升對家長的服務品質。 B.2.4.提升托教事業之社會形象。
	B-3.售後服務	B.3.1.重視學生與家長的延續性服務。 B.3.2.服務托教事業眾多不同的對象，進行經營策略之調整。 B.3.3.輔導學生的學習不足之處。 B.3.4.體會班方、家長與學生的想法與需求，並進而整合彼此需要。

（續）表2-1　BSC在托教事業經營策略應用之指標

向度	策略主題	策略目標
C.內部流程	C-1.行政流程	C.1.1.強化教務工作。 C.1.2.縮短行政作業流程的時間。 C.1.3.縮短托教事業內部與外部互動的回應時間。 C.1.4.重視托教事業的行政運作，應兼顧過程與結果。
	C-2.政策創新	C.2.1.鼓勵老師提升行政效率與服務品質。 C.2.2.激勵老師，改善老師福利。 C.2.3.鼓勵托教事業成員積極參與托教事業的創新與決策。
	C-3.溝通互動	C.3.1.整合各單位執行所需的資訊。 C.3.2.實施代課制度。 C.3.3.加強各單位間的分工合作關係。 C.3.4.老師與單位主管間的溝通管道暢通。
D.學習與成長	D-1.經營團隊學習	D.1.1.建構托教事業願景，作為托教事業長期發展的方針。 D.1.2.因應新經濟時代的來臨，加強托教事業者的知識管理，建構托教事業成為知識型組織。 D.1.3.透過團隊間的學習找出彼此經營的缺失。
	D-2.進修成長	D.2.1.激勵托教事業者的在職進修動機。 D.2.2.規劃老師出國參訪與觀摩活動以拓展其跨國性之教學常識。 D.2.3.加強托教事業的進修活動。
	D-3.工作績效評估	D.3.1.強化托教事業者能力與目標落差之改善。 D.3.2.透過獎勵提升老師教學技巧。 D.3.3.訂定學生進步指標作為考核老師教學能力之評估。 D.3.4.評估主管招生與經營管理能力。

資料來源：作者整理。

青少年兒童福利機構
之設立

- 托嬰中心的設立
- 幼兒園的設立
- 課後照顧中心的設立
- 補習班的設立

第一節　托嬰中心的設立

　　現代的家庭因為孩子生得少，每個小孩都是家長心目中的寶貝。由於雙薪家庭的普遍，父母大多同時在外工作，在家中迎接新生命來臨的同時，未來嬰兒在雙親皆工作的情況下，照顧的問題也油然而生。畢竟並非每一個家庭都有阿公阿嬤或是親友可以協助照顧，選擇良好的托嬰中心變成一個重要的選項。

　　要成立托嬰中心，經營者必須從找點切入，什麼地方才是適合的設立地點，托嬰中心的規模大小是關鍵因素。作者認為新興的重劃區仍然是現階段的首選，當然如果是小型規模的托嬰中心，一般來說則無地點上的侷限。

一、托嬰中心應具備的空間

　　1.活動區：生活、學習、遊戲、教具及玩具操作之室內或室外空間。

　　2.睡眠區：睡眠、休息之空間。

　　3.盥洗室：洗手、洗臉、如廁、沐浴之空間。

　　4.清潔區：清潔及護理之空間。

　　5.廚房：製作餐點之空間。

　　6.備餐區：調奶及調理食品之空間。

　　7.用餐區：使用餐點之空間。

　　8.行政管理區：辦公、接待及保健之空間。

　　9.其他與服務相關之必要空間。

　　（以上內容引用法規參酌《兒童及少年福利機構設立標準》，

2020/01/20）

二、托嬰中心的設立

托嬰中心的設立，不是任何的場所都能設置，成立的地點仍須透過各縣市公共安全及消防安全的檢查，並向社會局申請立案通過始能營業。

三、托嬰中心的設立範例

為了讓讀者可以更深入瞭解立案的相關規定，茲舉「臺北市托嬰中心立案步驟與流程」為範例，引述如下：

(一)辦理建築物使用執照變更的立案步驟

■步驟一

查明所欲使用之建物所在土地分區使用是否得設置托嬰中心（依《臺北市土地使用分區管制自治條例》規定，土地使用組別是否可為「第四組：托兒教保服務設施」使用）。另查明所欲使用之建築物用途是否符合為 F3 類組使用〔依《建築物使用類組及變更使用辦法》規定，如為其他用途別，籌設之托嬰中心建物面積登記謄本超過200平方公尺者，應委請專業建築師向臺北市建築管理工程處（以下簡稱建管處）辦理變更使用執照〕。

備註：托嬰中心（2歲以下兒童），可使用之樓層為一至三樓。

■步驟二

經建管處核准變更建築物使用執照後，請依辦理立案申請，所需立

案書表及相關文件均需一式三份（一份正本、二份影本）及變更圖說四份，立案書表可就社會局提供之空白表格影印使用。

■步驟三

臺北市政府社會局受理申請案件後，將先行審核書面申請文件，並發文會同衛生局衛生稽查人員就申請設立之機構實地訪視（另使用執照變更距申請時超過半年者將會同建管處、消防局等單位共同會勘）。

■步驟四

經審查通過，合於立案規定且無行政處分罰鍰紀錄或罰鍰已繳清，將准予立案，並發予核准公文乙份及立案證書乙紙。

備註：申請案件經本府相關單位聯合書面審查或現場會勘不符立案規定者，將於送件日起算十九個工作日內敘明不許可立案之理由，並以掛號郵件退還申請文件。

(二)辦理建築物使用執照變更的立案流程

■辦理建築物變更使用的立案流程

・建管部分

　　申請人－工務局建築管理處審核－消防局審核－申請人。

・社會局部分

　　申請人備齊立案所需文件－社會局初核－初審符合者，社會局辦理聯合會勘（不符合者退還申請人補辦）－符合規定－符合者准予立案。

・附註說明

　　使用執照變更距申請時超過半年者，將會同建管處、消防局等單位共同會勘。

■免辦建築物使用執照變更的立案流程

使用條件有二，一是建築物登記謄本之面積未滿200平方公尺者（臺北市小型托嬰中心係指樓地板面積，不含附屬建物面積）；二是收托人數最高四十人。申請流程如下：

· 流程一

查明所欲使用之建物所在土地分區使用是否得設置托嬰中心（依《臺北市土地使用分區管制自治條例》規定，土地使用組別是否可為「第四組：托兒教保服務設施」使用）。另查明所欲使用之建築物用途是否符合為F3類組使用（依《建築物使用類組及變更使用辦法》規定，如為其他用途別，籌設之托嬰中心建物面積登記謄本未超過200平方公尺者，得免辦理變更使用執照。

備註：托嬰中心，收托二歲以下兒童，可使用之樓層為一至三樓。

· 流程二

辦理小型托嬰中心立案，係由申請人備齊建物（擬變更圖說五份）、消防所需審核文件圖（擬變更圖說四份）說及立案申請表（一式三份），立案書表可就社會局所提供之空白表格影印使用，並向臺北市政府社會局辦理立案申請。

· 流程三

臺北市政府社會局婦幼科受理申請案件並初核文件齊全後，將有關建物、消防所需審核文件圖說送建管處書面審查，再由建管處續移消防局就消防部分完成書面審查後回覆社會局審查結果。

· 流程四

申請案件經相關單位書面審查核可後，社會局將會同建管處、消防局及衛生局等人員就申請設立機構進行實地訪視。

· 流程五

經書面審查及現場會勘符合立案規定者且無行政處分罰鍰紀錄或罰鍰已繳清，准予立案，並發予核准公文乙份及立案證書乙紙。

・附註說明

　　申請案件經市府相關單位聯合書面審查或現場會勘不符立案規定者，將於送件日起算二十一個工作日內敘明不許可立案之理由，並以掛號郵件退還申請文件。

■流程圖整理

　　申請人備齊立案所需文件－社會局初核－將建物及消防圖說送建築管理處及消防局書面審查－社會局彙整審查結果－符合規定，退請申請人依圖施工（不符規定－退請申請人重新申請）－申請人取得室內裝修合格證明後再件社會局，社會局發 文建築管理處、消防局、衛生所等相關單位共同現場會勘－社會局會同建築管理處、消防局、衛生所等相關單位共同現場會勘，社會局彙整會勘結果－符合規定－准予立案，發給立案證書（不符規定－退請申請人重新申請）。

(三)立案書面審查應備文件

■建築物部分

　　文件及原始圖說請備一式三份、擬變更圖說請備一式四份，說明如下：

1.建築物基本文件建築物使用執照影本及竣工圖（原核准位置圖、平面圖）、土地使用分區證明。無使用執照者，請檢附下列文件之一：

　(1)60.12.22 前建築完成者，檢附建造執照或營造執照。

　(2)合法房屋證明。

2.使用權利證明文件：建築物使用權同意書（申請人同所有權人者免附）查核使用權利應檢附下列文件：

　(1)建築物登記簿謄本。

(2)建物改良測量成果圖。

(3)門牌整（增、改）編證明（無更動者免附）。

3.擬變更平面圖說或變更後平面圖說一式四份（依本府都市發展局
97年1月25號北市都建字第09763724700號函頒定之「臺北市一定
規模以下免辦理變更使用執照申設立案許可檢視表」辦理）。

4.結構檢討報告書或室內裝修合格證明影本（無建物主要構造變更
或室內裝修行為者免附）。

5.說明：

(1)土地使用分區證明文件由申請人檢具申設地址之地籍圖謄本正
本一份向本府都市發展局申請核發。

(2)使用權利證明文件文件可向各行政區地政事務所申請取得。

(3)建築物基本文件（圖說相關資料）可向本府都市發展局建築管
理處資訊室申請取得。

(4)有關擬變更平面圖繪製要點：

‧加註立面部分不可變更。

‧此圖如由原核准平面圖影本而來，應先將原核准平面圖上原
核准圖章清除後再行繪製。

‧右下角應註明申請人姓名、住址及申設機構地址，申請人應
親自簽名蓋章。

‧擬申請變更部分，應標示各隔間單位用途，各隔間單位面積
（平方公尺）及申請變更總面積（平方公尺）。擬申請變更
部分應用紅色鉛筆塗滿標明，如有違建請依都市發展局規定
辦理。

‧其他相關事項請參考本托育機構申請手冊。

‧應依《建築物公共安全檢查簽證及申報辦法》之規定辦理簽
證及申報。

(5)如有諮詢事項可洽都市發展局（建管處）使用管理科服務台。

■消防部分

　　文件及原始圖說請備一式三份、擬變更圖說請備一式四份，說明如下：

1.準備建築物原核准消防安全設備平面圖說。

2.變更核准建築平面圖說。

3.準備擬變更消防安全設備平面圖書。

4.說明：

　(1)有關建築物原核准消防設備平面圖說可逕至本府都市發展局建築管理處資訊室填表申請。

　(2)如有諮詢事項可洽本府消防局派駐建管處審查人員（本府市政大樓東區一樓都市建築管理處建照科服務台。電話：1999（外縣市請撥 02-27208889）轉分機 8366。

■社會局部分

　　文件請備一式三份，說明如下：

1.申請書。

2.服務概況表及業務計畫。

3.履行營運擔保證明及投保公共意外責任保險之保險單影本。

4.清冊。

5.工作人員名冊。

6.年度預算書。

7.機構收退費標準管理辦法。

8.機構平面圖。

9.建築物使用執照及使用權利證明文件影本。

10.其他相關必要文件（例如：申請設立財團法人附設托育機構時除前項文件外，應依《私立兒童及少年福利機構設立許可及管

理辦法》第4條規定辦理）。

■附註說明

1. 《私立兒童及少年福利機構設立許可及管理辦法》第3條第九、
   十款規定辦理：
   (1)托嬰中心履行營運擔保證明為以合法設立之金融機構一年以上
      定期存款。
   (2)存款金額為依每一機構核定收托人數 50%×平均月費×2個月
      計算之。舉例：核准收托30人計算式如下：30×50%×5,000
      元／月×2＝150,000元，故應有合法設立之金融機構150,000元
      之定存證明影本。
   (3)公共意外責任保險金額：每一人身體傷亡六百萬元、每一意外
      事故傷亡三千萬元、每一意外事故財產損失三百萬元、保險期
      間總保險金額六千六百萬元。
2. 房舍產權證明文件：
   (1)私有房舍：最近三個月內建物登記謄本、土地所有權狀（或土
      地登記謄本）影本，或最近五年納稅證明。
   (2)五年以上借用同意書（借用者加附）。
   (3)五年以上房租契約（租賃者加附）。
   (4)公有房舍：所有權單位同意提供或委託辦理托兒機構。
3. 房舍平面圖：1/100 比例尺註明、「樓層」、「各隔間面積單位
   （平方公尺）」及「總面積（平方公尺）」，並列出計算式。
4. 人員應備文件：
   (1)身分證影本（負責人應加附戶口名簿影本）。
   (2)最高學歷證件及兒童福利專業人員結業證書。
   (3)體檢表（含胸腔X光及A型肝炎IgM檢查結果報告）。
   (4)3個月內刑事紀錄證明及未有《兒童及少年福利與權益保障

　　　*法》第81條各款情事切結書。

　5.書表格式請參考空白申請表格。

　6.有關所送申請書表，如有影本，請加蓋「此影本文件與正本相符否則願負法律責任」及申請人私章。

■擬變更平面圖說繪製要點

　1.加註立面部分不可變更。

　2.此圖如由原核准平面圖影本而來，應先將原核准平面圖上原核准圖章清除後再行繪製。

　3.右下角應註明申請人姓名、住址及申設機構地址，申請人應親自簽名蓋章。

　4.擬申請變更部分，應標示各隔間單位用途（依《兒童及少年福利機構設置標準》第9條規定），各隔間單位面積（平方公尺）及申請變更總面積（平方公尺）。擬申請變更部分應用紅色鉛筆塗滿標明，如有違建請依都市發展局規定辦理。

　5.違建部分請用斜線標示。

　6.申請變更部分可容納人員（收容人數）。

　7.容納人員計算方式：社會局核准收托兒童。

■擬變更消防安全設備平面圖說繪製要點

　1.擬變更消防安全設備圖說面應保持清潔。

　2.申請變更部分應用紅色鉛筆塗滿標示。

　3.消防圖說右下角應由申請人簽章，如申請面積超過200平方公尺須辦理變更使用用途時，應另交由建築師或消防設備師簽章。

　4.容納人員計算方式：本府社會局核准收托人數及從業人員數之合計。

　　（以上內容引用參酌臺北市社會局官網，臺北市托嬰中心立案步驟與流程，2012/01/01）

第二節 幼兒園的設立

現代家庭的父母為孩子選擇幼兒園的其中一點與選擇托嬰中心類似，就是在家中父母皆外出工作時，孩子的照顧問題，惟孩子到了上幼兒園的年紀，父母除了有照顧的托育需求之外，對於有關孩子學習與智能成長的教育需求也會開始需要，所以現今的幼兒園，在幼托整合政策實施之後，已兼具托育與教育的初期功能。

要成立幼兒園，經營者在尋找設立的位置時，除了之前在托嬰中心設立章節中曾經提及的新興重劃區仍是很好的選擇之外，也可採用公辦民營的合作方式和尋找針對幼兒園經營特色的適合地方作為設立地點。一般來說，幼兒園應具備下列空間以及相關重要規定：

一、幼兒園應具備的空間

1.幼兒園及其分班，均應分別獨立設置下列必要空間：
　(1)室內活動室。
　(2)室外活動空間。
　(3)盥洗室（包括廁所）。
　(4)健康中心。
　(5)辦公室或教保準備室。
　(6)廚房。
2.設置於國民小學校內之幼兒園，其前項第一款至第三款之空間應獨立設置，第四款至第六款之空間得與國民小學共用。
3.設置於國民中學以上學校內之幼兒園，其第一項必要空間，除第六款得與學校共用外，均應獨立設置。

4.設置於公寓大廈內之幼兒園及其分班,其第一項必要空間,均不得與公寓大廈居民共用。

5.幼兒園及其分班得增設下列空間:

　(1)寢室。

　(2)室內遊戲空間。

　(3)室內、外儲藏空間。

　(4)配膳室。

　(5)觀察室。

　(6)資源回收區。

　(7)生態教學園區。

　(8)其他有利教學活動之空間。

二、幼兒園活動空間規定

1.幼兒每人室外活動空間面積,不得小於3平方公尺;私立幼兒園及其分班置於直轄市高人口密度行政區者,不得小於2平方公尺。

2.室外活動空間依前條規定設置者,其個別面積應符合下列規定:

　(1)設置於基地地面層、二樓或三樓之露臺:每一面積不得小於22平方公尺。

　(2)設置於毗鄰街廓之土地:面積不得小於45平方公尺。

3.室外活動空間面積之計算,不包括一樓樓地板面積、騎樓面積、法定停車面積、道路退縮地及依法應留設之公共開放空間面積。

4.室外活動空間總面積未符合第一項規定,而達22平方公尺及招收幼兒人數二分之一所應具有之面積者,其室外活動空間面積不足部分,得以室內遊戲空間面積補足。

三、幼兒園走廊應符合之規定

1. 連結供幼兒使用空間之走廊，若兩側有活動室或遊戲室者，其寬度不得小於240公分；單側有活動室或遊戲室者，其寬度不得小於180公分。
2. 走廊之地板面有高低差時，應設置斜坡道，且不得設置臺階。
3. 確保走廊之安全且順暢之動線機能，轉角處應注意照明。
4. 使用適當之遮雨設施，避免走廊濕滑。

四、幼兒園室內活動室之設備應符合之規定

1. 符合幼兒身高尺寸，並採用適合幼兒人因工程，且可彈性提供幼兒集中或分區活動之傢俱。
2. 設置可布置活動情境之設備器材、教具、活動牆面、公布欄、各種面板等。
3. 平均照度至少500勒克斯（lux），並避免太陽與燈具之眩光，及桌面、黑（白）板面之反光。
4. 均能音量（leq）大於60分貝（dB）之室外噪音嚴重地區，應設置隔音設施。樓板振動噪音、電扇、冷氣機、麥克風等擴音設備及其他機械之噪音，應予有效控制。
5. 配置學習區及幼兒作品展示空間。學習區內擺設之玩具、教具及教材，應滿足適齡、學習及幼兒身體動作、語言、認知、社會、情緒及美感等發展之需求。
6. 提供足夠幼兒使用之個人物品置物櫃，及收納玩具、教具、書籍等儲存設備。
7. 考量教學器材及各學習區單獨使用之需要，適當配置開關及安全

插座。

8.使用耐燃三級以上之內部裝修材料及附有防焰標示之窗簾、地毯及布幕。

9.幼兒每人應有獨立區隔及通風透氣之棉被收納空間。

10.供教保服務人員使用之物品或其他相關物品，應放置於120公分高度以上之空間或教保準備室內。

11.設置簡易衣物更換區，並兼顧幼兒之隱私。

12.附註說明：招收二歲以上未滿三歲幼兒之室內活動室，應設置符合教保服務人員使用高度之食物準備區，並得設置尿片更換區；其尿片更換區，應設置簡易更換尿片之設備、尿片收納櫃及可存放髒汙物之有蓋容器。

五、幼兒園廚房設備應符合之規定

1.出入口設置紗門、自動門、空氣簾、塑膠簾或其他設備。

2.設置食物存放架或棧板，作為臨時擺放進貨食物用。

3.設置足夠容量之冷凍、冷藏設備，並在該設備明顯處置溫度顯示器或指示器，且區隔熟食用、生鮮原料用，並分別清楚標明。

4.設置數量足夠之食物處理檯，並以不銹鋼材質製成。

5.爐灶上裝設排除油煙設備。

6.設置具洗滌、沖洗、殺菌功能之餐具清洗設施。

7.設置足夠容納所有餐具之餐具存放櫃。

8.製備之餐飲，應有防塵、防蟲等貯放食品之衛生設備。

9.餐具洗滌及殘餘物回收作業，應採用有蓋分類垃圾桶及廚餘桶。

10.設置完善之給水、淨水系統，依飲用水管理條例等相關規定辦理。

11.注意排水、通風及地板防滑。

（以上內容引用法規參酌《幼兒園及其分班基本設施設備標準》，2019/07/10）

六、幼兒園的設立範例

　　幼兒園的設立，因為孩子所需活動範圍的空間變大，地點的找尋相較不易，尤其許多大型幼兒園甚至還有操場跑道，在現今寸土寸金的環境下更加不容易找到，所以這也是公辦民營發生的契機。幼兒園設立須透過各縣市公共安全及消防安全的檢查，並向教育局申請立案通過始能營業，為了讓讀者可以更深入瞭解立案的相關規定，茲舉「臺北市幼兒園及其分班設立申請」為範例，引述如下：

(一)申請須知

■須辦理建築物使用執照變更之設立申請（樓地板面積200平方公尺以上）

1. 查明所欲使用之建築物土地使用分區是否可設立為幼兒園（依《臺北市土地使用分區管制自治條例》規定，土地使用組別係否可為「第四組：托兒教保服務設施」使用）。
2. 查明所欲使用之建築物用途是否符合為F3類組使用（依《建築物使用類組及變更使用辦法》規定，如為其他用途別，應委請專業建築師向臺北市建築管理工程處（以下簡稱建管處）辦理變更使用執照）。
3. 土地及建築物符合上開條件者，依設立相關規定，向臺北市政府教育局（以下簡稱教育局）辦理設立申請。
4. 教育局受理民眾申請案件，經書面審核符合規定者，即會同建管處、臺北市政府消防局（以下簡稱消防局）及臺北市政府衛生局（以下簡稱衛生局）派員實地會勘。

5.聯合會勘結果符合設立規定且無罰鍰紀錄或罰鍰已繳清者（新設
立者除外），准予設立；不合設立規定者，退還原申請文件，俟
補正後重新向教育局申請。

■**免辦理建築物使用執照變更之設立申請（樓地板面積200平方公尺以下
適用）**

1.查明所欲使用之建築物土地使用分區是否可設立為幼兒園（依
《臺北市土地使用分區管制自治條例》規定，土地使用組別係否
可為「第四組：托兒教保服務設施」使用）。

2.申請人備齊建物、消防相關文件圖說及設立申請書表向教育局申
請設立。

3.教育局受理申請案件並初核文件齊全後，將有關建物、消防圖說
送建管處審查，再由建管處續移消防局，完成後逕復教育局審查
結果。

4.申請案件經書面審查核可後，教育局即會同建管處、消防局及衛
生局等單位實地會勘。

5.聯合會勘結果符合設立規定且無罰鍰紀錄或罰鍰已繳清者（新設
立者除外），准予設立；不合規定者，退還原申請文件，俟依限
補正後，重新向教育局申請。

■**注意事項**

1.直轄市、縣（市）、鄉（鎮、市）、直轄市山地原住民區、學
校、法人、團體或個人，得興辦幼兒園；幼兒園應經直轄市、縣
（市）主管機關許可設立，並於取得設立許可後，始得招收幼兒
進行教保服務。

2.幼兒園申請設立，應依《幼兒教育及照顧法》、《幼兒園與其分
班設立變更及管理辦法》及《幼兒園及其分班基本設施設備標
準》等相關規定辦理。

3.幼兒園與下列特殊設施或場所之距離，應符合相關規定：

(1)加氣站：《加氣站設置管理規則》規定。

(2)公共危險物品及可燃性高壓氣體：《公共危險物品及可燃性高壓氣體設置標準暨安全管理辦法》規定。

(3)殯葬設施：《殯葬管理條例》規定。但於中華民國101年4月3日前已依《建築法》取得F3使用類組（幼稚園或托兒所）之建造執照或使用執照者，不在此限。

(4)電子遊戲業場所：《臺北市電子遊戲場業設置管理自治條例》規定，普通級——50公尺；限制級——1,000公尺。

(5)酒家、特種咖啡茶室、成人用品零售店及其他涉及賭博、色情、暴力等經主管機關認定足以危害其身心健康之場所：依《兒童及少年福利與權益保障法》第47條規定，場所應距離幼兒園200公尺以上。

4.幼兒園及其分班，其為樓層建築者，除第20條第一項第三款另有規定外，應先使用地面層一樓，使用面積不足者，始得使用二樓，二樓使用面積不足者，始得使用三樓；建築物地板面在基地地面以下之樓層，其天花板高度有2/3以上在基地地面上，且設有直接開向戶外之窗戶及直接通達戶外之出入口，經直轄市、縣（市）主管機關核准者，視為地面層一樓。四樓以上，不得使用。幼兒園及其分班有下列情形之一者，一樓至三樓使用順序，不受樓層之規定限制：

・設置於直轄市高人口密度行政區。

・位於山坡地，且該樓層有出入口直接通達道路，並經直轄市、縣（市）主管機關核准。

5.幼兒園得設立分班，分班之設立，以於同一區內設立為限。幼兒園分班之招收人數，不得逾本園之人數，並以六十人為限。

(二)申請設立步驟

　　幼兒園或其分班申請設立，依下列程序及審查（勘查）項目依序辦理，其有未符合規定者，連同理由書通知申請人：

■書面審查

1.負責人不得有《幼兒教育及照顧法》第24條第一項各款情事之一、幼兒園之教保服務人員不得有《教保服務人員條例》第12條第一項各款情事之一。

2.本市內之幼兒園，不得同名或同音，幼兒園分班，應冠以該幼兒園名稱及分班字樣，非經核准設立之分班，不得使用分班或使人誤解為分班之名稱。幼兒園及其分班之名稱應符合《幼兒園與其分班設立變更及管理辦法》第10條規定。

3.所檢具文件應符合《幼兒園與其分班設立變更及管理辦法》第6條至第7條各款規定。

■實地勘查（會同有關機關實地勘查其設備設施）

1.符合建築、消防、衛生等各該目的事業主管機關相關法令規定。

2.符合《幼兒園及其分班基本設施設備標準》之規定。

3.依《幼兒教育及照顧法》第56條規定，民國100年12月31日以前，已依建築法取得F3使用類組（托兒所或幼稚園）之建造執照、使用執照，或已依私立兒童及少年福利機構設立許可及管理辦法規定取得籌設許可之托兒所，或依幼稚教育法規定取得籌設許可之幼稚園，自101年1月1日起至102年12月31日止之期間內，得依取得或籌設時之設施設備規定申請幼兒園設立許可，其餘均應依第8條第六項設施設備之規定辦理。

■設立、新建、增建、改建、修建、擴充、縮減場地、遷移或復辦申請作業流程

　　申請人備妥所需全部文件－送教育局審核符合（不符合則通知補正－補正資料審核符合－不符合就駁回）－教育局會同建管處、消防局及衛生局前往實地會勘，並副件通知申請人－會勘符合（不符合－通知補正－補正資料審核符合－不符合駁回）－完成申請手續。

■私人申請設立非屬財團法人之私立幼兒園及其分班設立申請應備表

1. 申請書。
2. 設園計畫書：包括名稱、園址、設立宗旨、預定招收人數、編班方式及收退費基準。
3. 負責人國民身分證影本及最近三個月內核發之警察刑事紀錄證明；負責人為外國人者，應檢具外僑永久居留證影本及原護照國最近六個月內開具無《幼兒教育及照顧法》第24條第一項所定情事或犯罪紀錄之證明文件，但條約或協定另有規定者，其外僑永久居留證影本得以護照或外僑居留證影本代之。
4. 建築物位置圖、平面圖及其概況：包括建築物使用執照影本、建築物竣工圖、消防安全設備圖說及消防安全機關查驗合格之證明文件，並以平方公尺註明樓層、各隔間面積、用途說明及室內外總面積。
5. 土地及建築物使用權利證明文件：包括土地、建物登記（簿）謄本及其他使用權利證明文件。使用權利證明文件為租賃契約或使用同意書者，應經公證且有效期限自申請日起達五年以上。
6. 設施及設備檢核表。
7. 履行營運擔保證明影本。
8. 幼兒園教職員工名冊、切結書、身分證影本及相關資格證明文件（含最近三個月內核發之警察刑事紀錄證明）。

■私人申請設立財團法人私立幼兒園及其分班設立申請應備表件（申請設立者，除申請書外需檢具下列文件一式五份）

1. 申請書。

2. 設園計畫書：包括名稱、園址、設立宗旨、預定招收人數、編班方式及收退費基準。

3. 負責人國民身分證影本及最近三個月內核發之警察刑事紀錄證明；負責人為外國人者，應檢具外僑永久居留證影本及原護照國最近六個月內開具無《幼兒教育及照顧法》第24條第一項所定情事或犯罪紀錄之證明文件，但條約或協定另有規定者，其外僑永久居留證影本得以護照或外僑居留證影本代之。

4. 捐助章程影本。

5. 捐助財產清冊及其證明文件。

6. 董事名冊、國民身分證影本及最近三個月內核發之警察刑事紀錄證明；設有監察人者，並應檢具監察人名冊、國民身分證影本及最近三個月內核發之警察刑事 紀錄證明；董事、監察人為外國人者，應檢具護照或外僑居留證影本及原護照國最近六個月內開具無《幼兒教育及照顧法》第24條第一項所定情事或犯罪紀錄之證明文件。

7. 願任董事同意書；設有監察人者，並應檢具願任監察人同意書。

8. 捐助人同意於財團法人獲準登記時，將捐助財產移轉為財團法人所有之承諾書。

9. 建築物位置圖、平面圖及其概況：包括建築物使用執照影本、建築物竣工圖、消防安全設備圖說及消防安全機關查驗合格之證明文件，並以平方公尺註明樓層、各隔間面積、用途說明及室內外總面積。

10. 土地及建築物使用權利證明文件：包括土地、建物登記（簿）謄本及其他使用權利證明文件。使用權利證明文件為租賃契約

或使用同意書者，應經公證且有效期限自申請日起達五年以上。

11. 設施及設備檢核表。

12. 履行營運擔保證明影本。

13. 幼兒園教職員工名冊、切結書、身分證影本及相關資格證明文件（含最近三個月內核發之警察刑事紀錄證明）。

■**財團法人或社團法人申請設立法人附設私立幼兒園及其分班，或非營利性質法人申請設立附設或附屬非營利幼兒園設立申請應備表件（申請設立者，除申請書外需檢具下列文件一式五份）**

1. 申請書。

2. 設園計畫書：包括名稱、園址、設立宗旨、預定招收人數、編班方式及收退費基準。

3. 負責人國民身分證影本及最近三個月內核發之警察刑事紀錄證明；負責人為外國人者，應檢具外僑永久居留證影本及原護照國最近六個月內開具無《幼兒教育及照顧法》第24條第一項所定情事或犯罪紀錄之證明文件，但條約或協定另有規定者，其外僑永久居留證影本得以護照或外僑居留證影本代之。

4. 法人登記證明文件影本。

5. 法人章程影本。

6. 董事或理事名冊及國民身分證影本；董事或理事為外國人者，應檢具護照或外僑居留證影本。

7. 董事會或理事會會議決議附設或附屬幼兒園之紀錄。

8. 建築物位置圖、平面圖及其概況：包括建築物使用執照影本、建築物竣工圖、消防安全設備圖說及消防安全機關查驗合格之證明文件，並以平方公尺註明樓層、各隔間面積、用途說明及室內外總面積。

9. 土地及建築物使用權利證明文件：包括土地、建物登記（簿）謄

本及其他使用權利證明文件。使用權利證明文件為租賃契約或使用同意書者，應經公證且有效期限自申請日起達五年以上。

10.設施及設備檢核表。

11.履行營運擔保證明影本。

12.幼兒園教職員工名冊、切結書、身分證影本及相關資格證明文件（含最近三個月內核發之警察刑事紀錄證明）。

■團體申請設立團體附設私立幼兒園及其分班設立申請應備表件（申請設立者，除申請書外需檢具下列文件一式五份）

1.申請書。

2.設園計畫書：包括名稱、園址、設立宗旨、預定招收人數、編班方式及收退費基準。

3.負責人國民身分證影本及最近三個月內核發之警察刑事紀錄證明；負責人為外國人者，應檢具外僑永久居留證影本及原護照國最近六個月內開具無《幼兒教育及照顧法》第24條第一項所定情事或犯罪紀錄之證明文件，但條約或協定另有規定者，其外僑永久居留證影本得以護照或外僑居留證影本代之。

4.團體登記證明文件影本。

5.團體章程或規章影本。

6.理事、監事或委員名冊及國民身分證影本；理事、監事或委員為外國人者，應檢具護照或外僑居留證影本。

7.會員（會員代表）大會會議或委員會議決議附設幼兒園之紀錄。

8.建築物位置圖、平面圖及其概況：包括建築物使用執照影本、建築物竣工圖、消防安全設備圖說及消防安全機關查驗合格之證明文件，並以平方公尺註明樓層、各隔間面積、用途說明及室內外總面積。

9.土地及建築物使用權利證明文件：包括土地、建物登記（簿）謄本及其他使用權利證明文件。使用權利證明文件為租賃契約或使

用同意書者，應經公證且有效期限自申請日起達五年以上。

10.設施及設備檢核表。

11.履行營運擔保證明影本。

12.幼兒園教職員工名冊、切結書、身分證影本及相關資格證明文件（含最近三個月內核發之警察刑事紀錄證明）。

（以上內容引用參酌臺北市教育局官網，幼兒園設立手冊，2020/06/20）

第三節　課後照顧中心的設立

孩子進入國小階段之後，在國小低年級階段，托育的功能仍然是一個很重要的角色，尤其上學時間多為半天，在家長尚未下班的時候，如何妥善照顧已放學的國小孩子變成所有上班族家長必須面對的課題。

而國小階段也進入了國語、數學、社會、自然、英語等學科的學習階段，如何在課後對於孩子課業的指導加強，減輕家長忙碌一天後的負擔也成為一個重要的課題，課後照顧中心應運而生，這部分有一個法規上的盲點，就是課後照顧中心在法規上是不允許針對學科教學的補習行為，這就牽涉到課後照顧中心與補習班所允許的營業範圍問題，此部分在本書後面章節有說明所以不在此贅述。一般來說課後照顧中心須具備以下空間及重要規定補充：

一、課後照顧中心應具備的空間

課後照顧中心應具備下列設施、設備：

1.教室。

2.活動室。

3.遊戲空間。

4.寢室。

5.保健室或保健箱。

6.辦公區或辦公室。

7.廚房。

8.盥洗衛生設備。

9.其他與本服務相關之必要設施或設備。

前列第一項第六項之設施、設備，得視實際需要調整併用。

第八項設備數量，不得少於下列規定，其規格應合於兒童使用；便器並應有隔間設計：

1.大便器：

　(1)男生：每五十人一個，未滿五十人者，以五十人計。

　(2)女生：每十人一個，未滿十人者，以十人計。

2.男生小便器：每三十人一個，未滿三十人者，以三十人計。

3.水龍頭：每十人一個，未滿十人者，以十人計。

二、兒童課後照顧服務班與中心設立及管理辦法用詞定義

(一)兒童課後照顧服務（以下簡稱本服務）

指招收國民小學階段兒童，於學校上課以外時間，提供以生活照顧及學校作業輔導為主之多元服務，以促進兒童健康成長、支持婦女婚育及使父母安心就業。

(二)兒童課後照顧服務班（以下簡稱課後照顧班）

指由公、私立國民小學設立，辦理兒童課後照顧服務之班級。

(三)兒童課後照顧服務中心（以下簡稱課後照顧中心）

指由鄉（鎮、市、區）公所、私人（包括自然人或法人）或團體設立，辦理兒童課後照顧服務之機構。

前二項由公立國民小學設立或第三款由鄉（鎮、市、區）公所設立者，為公立，其餘為私立。

三、公立課後照顧班應優先招收低收入戶、身心障礙及原住民兒童

公立課後照顧班之收費如下：

1.低收入戶、身心障礙及原住民兒童：免費。
2.情況特殊兒童：經學校評估後，報直轄市、縣（市）主管機關專案核准者，減免收費（詳見後附註1）。

3. 一般兒童：依《兒童課後照顧服務班與中心設立及管理辦法》第20條（詳見後附註2）規定收費。

前項兒童，除公立課後照顧班、中心，每班以招收身心障礙兒童二人爲原則，並應酌予減少該班級人數之規定外，以分散編班爲原則。

■附註1

國民小學或受託人每招收兒童二十人，第二項減免之費用，應自行負擔一人；其餘由直轄市、縣（市）主管機關補助之；仍不足者，由中央主管機關視實際情況補助之。

■附註2

《兒童課後照顧服務班與中心設立及管理辦法》第20條規定：

1. 公立課後照顧班辦理本服務之收費基準，由直轄市、縣（市）主管機關以下列計算方式爲上限，自行訂定：

    (1) 學校自辦：

於學校上班時間辦理時，每位學生收費	新臺幣260元×服務總節數÷0.7÷學生數
於學校下班時間及寒暑假辦理時，每位學生收費	新臺幣400元×服務總節數÷0.7÷學生數
一併於學校上班時間及下班時間辦理時，每位學生收費	（新臺幣260元×上班時間服務總節數÷0.7÷學生數）＋（新臺幣400元×下班時間服務總節數÷0.7÷學生數）

    (2) 委託辦理：

於學校上班時間辦理時，每位學生收費	新臺幣410元×服務總時數÷0.7÷學生數
於學校下班時間及寒暑假辦理時，每位學生收費	
一併於學校上班時間及下班時間辦理時，每位學生收費	

2.前項第一款服務總節數，其每節為四十分鐘。

3.第一項收費，得採每月收費或一次收費；參加兒童未滿十五人者，得酌予提高收費，但不得超過直轄市、縣（市）主管機關依第一項所定收費基準之百分之二十，並應報直轄市、縣（市）主管機關核准。

4.第一項本服務總節（時）數，因故未能依原定服務節（時）數實施時，應依比率減收費用。

■附註3

　　低收入戶、身心障礙、原住民及其他情況特殊兒童參加本服務之人數比率，列為各國民小學辦理本服務之教育視導重要指標之一。

■附註4

　　私立課後照顧中心目前以臺北市來說，仍有針對國小低收入戶、原住民兒童給予補助。

四、兒童課後照顧服務班應準備之資料

(一)公立課後照顧班

　　由直轄市、縣（市）主管機關指定公立國民小學，或由公立國民小學提出申請，經直轄市、縣（市）主管機關核定後辦理。

(二)私立課後照顧班

　　由直轄市、縣（市）主管機關指定私立國民小學辦理者，由直轄市、縣（市）主管機關核定後辦理之。

(三)私立課後照顧班的申請文件

私立課後照顧班,由私立國民小學申請辦理者,應填具申請書,並檢附下列文件、資料,經直轄市、縣(市)主管機關核定後辦理之:

1.設立目的及業務計畫書。
2.財產清冊及經費來源。
3.預算表:載明全年收入及支出預算。
4.組織表、主管與工作人員人數、資格、條件、工作項目及福利。
5.收退費及服務規定。
6.學校財團法人董事會同意附設課後照顧班之會議紀錄。

補充說明:

1.前兩項所定國民小學,包括師資培育大學附設之實驗國民小學及高級中等以上學校附設之國民小學或國小部。
2.第一項指定或申請程序及應檢附資料表件,由直轄市、縣(市)主管機關定之。

(四)公、私立兒童課後照顧中心應準備之資料

公、私立課後照顧中心,由鄉(鎮、市)公所、私人或團體填具申請書,並檢附下列文件、資料一式五份,向直轄市、縣(市)主管機關申請許可:

1.中心名稱、地址及負責人等基本資料;負責人並應檢附其無違反本法第81條第一項規定之切結書及警察刑事紀錄證明。
2.中心設立目的及業務計畫書。
3.建築物位置圖及平面圖,並以平方公尺註明樓層、各隔間面積、用途說明及總面積。

4.土地及建築物使用權利證明文件：包括土地與建物登記（簿）謄本、建築物使用執照影本、建築物竣工圖、消防安全設備圖說及消防安全機關查驗合格之證明文件與使用權利證明文件影本。土地或建物所有權非屬私人或團體所有者，應分別檢具經公證自申請日起有效期限三年以上之租賃契約或使用同意書。

5.財產清冊及經費來源。

6.預算表：載明全年收入及支出預算。

7.組織表、主管與工作人員人數、資格、條件、工作項目及福利。

8.收退費基準及服務規定。

9.履行營運擔保證明影本。

10.投保公共意外責任保險之保險單影本。

11.申請人為法人或團體者，並應檢附法人或團體登記或立案證明文件影本，及法人或團體經目的事業主管機關核准附設課後照顧中心文件影本。

補充說明：

1.前項第九款履行營運擔保能力之認定及第十款公共意外責任保險之保險金額，由直轄市、縣（市）主管機關公告之。

2.直轄市、縣（市）主管機關得視需要，命申請人就第一項所定文件、資料繳交正本，備供查驗。

3.直轄市、市主管機關指定區公所辦理課後照顧中心者，由直轄市、市主管機關核定後辦理之。

(五)課後照顧班及課後照顧中心應設置之人員

■課後照顧班

1.執行秘書：一人；學校自辦者，得由校長就校內教師派兼之；委託辦理者，由受託人聘請合格人員擔任之。

2.課後照顧服務人員：

(1)每招收兒童二十五人，應置一人；未滿二十五人者，以二十五人計。

(2)學校自辦者，得由校長就校內教師派兼之或聘請合格人員擔任之，校內教師並應徵詢其意願；委託辦理者，由受託人聘請合格人員擔任之，並應於開課七日前報委託學校備查。

3.行政人員或其他工作人員：由學校視需要酌置之，並得由校長就校內教師派兼之；委託辦理者，由受託人視需要酌置之。

■**課後照顧中心**

1.主任：一人，專任，並得支援該中心課後照顧服務業務。

2.課後照顧服務人員：每招收兒童二十五人，應置一人；未滿二十五人者，以二十五人計。

3.行政人員或其他工作人員：視實際需要酌置之。

■**課後照顧中心人員須備齊之文件**

課後照顧中心應於設立後，招生前，檢附主任、課後照顧服務人員、行政人員與其他工作人員名單及下列文件，報直轄市、縣（市）主管機關核准後，始得招生；課後照顧班委託辦理者，亦同。

1.主任及課後照顧服務人員之資格證明文件影本。

2.所有人員無違反本法規定之切結書及警察刑事紀錄證明。

3.所有人員之健康檢查表影本。

■**課後照顧班、中心之執行秘書、主任及課後照顧服務人員的資格**

所具備資格如下：

1.高級中等以下學校、幼稚園或幼兒園合格教師、幼兒園教保員、助理教保員。

2.曾依中小學兼任代課及代理教師聘任辦法或國民中小學教學支援工作人員聘任辦法聘任之教師。但教學支援工作人員為高級中等以下學校畢業者，應經直轄市、縣（市）政府教育、社政或勞工相關機關自行或委託辦理之一百八十小時課後照顧服務人員專業訓練課程結訓。

3.公私立大專校院以上畢業，並修畢師資培育規定之教育專業課程者。

4.符合兒童及少年福利機構專業人員資格者。但不包括保母人員。

5.高級中等以上學校畢業，並經直轄市、縣（市）政府教育、社政或勞工相關機關自行或委託辦理之一百八十小時課後照顧服務人員專業訓練課程結訓。

補充說明：

1.偏鄉、離島、原住民族或特殊地區遴聘前項資格人員有困難時，得報直轄市、縣（市）主管機關核准，酌減前項第二款或第五款人員之專業課程訓練時數。

2.本服務針對需要個案輔導之兒童，應視需要聘請全職或兼職社會福利工作或輔導專業人員為之；針對身心障礙兒童，應視需要聘請全職或兼職特教教師或專業人員為之。

■在職訓練

1.課後照顧班執行秘書、課後照顧中心主任及課後照顧服務人員，每年應參加直轄市、縣（市）主管機關辦理之在職訓練至少十八小時。

2.課後照顧班、中心應就前項參加在職訓練人員給予公假，並建立在職訓練檔案，至少保存三年。

3.第一項在職訓練，得由直轄市、縣（市）主管機關自行辦理、委託專業團體、法人或專科以上學校辦理，或由專業團體報經直轄

市、縣（市）主管機關認可後辦理。

（以上內容引用法規參酌《兒童課後照顧服務班與中心設立及管理辦法》2014/11/19更新）

五、課後照顧中心的設立範例

課後照顧中心因為是針對國小學童，學生下課後因為低年級、中年級、高年級下課時間也不一樣，位置上也有學區的問題，所以大多開設以某國小學區為設點範圍方式進行，社區化是課後照顧中心現今的特色。其設立也須透過各縣市公共安全及消防安全的檢查，並向教育局申請立案通過始能營業，為了讓讀者可以更深入瞭解立案的相關規定，茲舉臺北市兒童課後照顧服務中心申請籌設立案作業流程為範例，引述如下：

(一)已變更使用執照

1.籌設收件－資料初審符合（不符－通知補正－補正審查不符－駁回）－核發籌設許可同意函並函復申請。
　附註：受理方式：郵寄、親自、委託申辦。總處理時限：七日（含假日／日曆日）。
2.立案收件－資料初審符合－會勘（不符－通知補正－補正審查不符－駁回）－核發立案許可並函復申請。
　附註：受理方式：郵寄、親自、委託申辦總處理時限：十八日（含假日／日曆日）。

(二)未變更使用執照且面積在200平方公尺以下

1.籌設收件－資料初審符合（不符－通知補正－補正審查不符－駁回）－建築圖審查（不符－圖說退回教育局駁回）－消防圖審查

（不符－圖說退回教育局駁回）。

附註：受理方式：郵寄、親自、委託申辦。總處理時限：二個月（含假日／日曆日）。

2.立案收件－資料初審符合－會勘（不符－通知補正－補正審查不符－駁回）－核發立案許可同意函並函復申請。

附註：受理方式：郵寄、親自、委託申辦。總處理時限：十八日（含假日／日曆日）。

(三)請檢附以下所列文件一式五份

1.申請書。

2.中心名稱、地址及負責人等基本資料；負責人並應檢附其無違反《兒童及少年福利與權益保障法》第81條第一項規定之切結書及警察刑事紀錄證明。

3.中心設立目的及業務計畫書。

4.建築物位置圖及平面圖，並以平方公尺註明樓層、各隔間面積、用途說明及總面積。

5.土地及建築物使用權利證明文件：包括土地與建物登記（簿）謄本、建築物使用執照影本、建築物竣工圖、消防安全設備圖說及消防安全機關查驗合格之證明文件與使用權利證明文件影本。土地或建物所有權非屬私人或團體所有者，應分別檢具經公證自申請日起有效期限三年以上之租賃契約或使用同意書（註：土地分區使用證明、建築改良物謄本、地籍圖謄本、使用執照謄本、建物測量成果圖等資料，屬臺北市轄區者得免檢附）。

6.財產清冊及經費來源。

7.預算表：載明全年收入及支出預算。

8.組織表、主管與工作人員人數、資格、條件、工作項目及福利。

9.收退費基準及服務規定。

10.履行營運擔保證明影本。

11.投保公共意外責任保險之保險單影本。

12.申請人為法人或團體者，並應檢附法人或團體登記或立案證明
　　文件影本，及法人或團體經目的事業主管機關核准附設課後照
　　顧中心文件影本。

（以上內容引用參酌臺北市政府教育局官網，兒童課後照顧中心改
制後申請籌設文件檔，2019/05/23）

第四節　補習班的設立

　　在孩子進入學習學科的階段，對於體制內的教育學科無法理解或是
還學不會的時候，家長或是孩子本身為了學習上的需求，求助於體制外
的學習機構，加上升學上的需求，希望能加油一點考上心目中理想或是
喜歡的高中、大學、研究所，補習班在這樣的背景下誕生了，這是屬於
文理類型的補習班，其他也有針對才藝類、專業技藝類、休閒類型等技
藝類型補習班，補習也成為另外一種學習的管道。

　　在國小階段的學童，由於也有托育上的需求，也導致升學補習班往
往在課業的學習外，違規經營托育項目的業務，這也是法規上的盲點之
處，在本書其他章節有討論，就不再此贅述。

一、補習班應具備的空間

　　1.上課教室。

　　2.櫃檯行政區。

　　3.教師休息區。

　　4.學生活動空間及閱覽區。

5.辦公區。

6.茶水間。

7.男女分流廁所（建議）

8.技藝類專業教學器材室。

9.儲藏室（建議）。

10.其他與本服務相關設施與設備。

（以上內容引用參酌冠傑教育集團，2022）

二、補習班的設立

補習班設點的考量較多，文理類補習班大多以學區爲主，尤其在現今社區補習班當道時代，另外若以全國性的考量，也會將升學類補習班設置在重要交通中心或室辦公大樓內，這些都是文理類型補習班的設點方向。而技藝類補習班也會有設在高職附近的做法，不過在設點上技藝類補習班比較沒有受限，交通方便仍是技藝類型補習班比較重視的位置。補習班的設立須透過各縣市公共安全及消防安全的檢查，並向教育局申請立案通過始能營業。

三、補習班的設立範例

爲了讓讀者可以更深入瞭解立案的相關規定，茲舉臺北市補習班立案申請籌設立案作業流程爲範例，引述如下：

(一)已變更使用執照

■籌設

籌設收件－班務審查符合（不符－通知補正－補正審查不符－駁

回）－核定籌設許可同意函－函覆申請人。

■受理方式

臨櫃親自申辦、委託申辦、郵寄申辦、網路申辦（網路預約）。

■總處理時限

已辦理建築物使用執照為「短期補習班」：七日（含假日／日曆日）

(二)未變更使用執照且面積在200平方公尺以下

■籌設

籌設收件－班務審查符合（不符－通知補正－補正審查不符－駁回）－建築圖審查（不符－圖說退回教育局駁回）－消防圖審查（不符－圖說退回教育局駁回）－核定籌設許可同意函並函復申請人。

■受理方式

臨櫃親自申辦、委託申辦、郵寄申辦、網路申辦（網路預約）。

■總處理時限

未辦理變更使用執照且班舍面積200平方公尺以下：六十日（含假日／日曆日）

(三)申請人應備文件

■已變更使用執照之申請籌設

1.設班計畫書。
2.班址及班舍位置圖。

3.教學科目表。

4.教學課程進度表。

5.設立人及班主任學經歷、身分證明文件影本及良民證或其他無前科證明（如爲財團法人附設補習班，應檢附原目的事業主管機關同意附設補習班核准函及董事會議紀錄、法人登記證、法人印鑑證明；公司法人附設，應檢附公司登記證明書、登記表《公司大小章》；如爲技藝補習班，另檢附班主任有關之技能證明文件）。

6.班舍建築物核准做作補習班使用之建築物（變更）使用執照、核准平面圖及核准消防安全設備平面圖。

7.組織規程及學則。

8.共同設立人名冊。

9.班主任專任切結書。

■班舍面積200平方公尺以下之申請籌設

1.設班計畫書。

2.班址及班舍位置圖。

3.教學科目表。

4.教學課程進度表。

5.設立人及班主任學經歷、身分證明文件影本及良民證或其他無前科證明（如爲財團法人附設補習班，應檢附原目的事業主管機關同意附設補習班核准函及董事會議紀錄、法人登記證、法人印鑑證明；公司法人附設，應檢附公司登記證明書、登記表《公司大小章》；如爲技藝補習班，另檢附班主任有關之技能證明文件）。

6.《臺北市一定規模以下建築物免辦理變更使用執照管理辦法》、《各類場所消防安全設備設置標準》應附文件及擬變更平面圖及

消防安全設備設計圖說各三份。

7.組織規程及學則。

8.共同設立人名冊。

9.班主任專任切結書。

■申請立案資料

1.立案申請書。

2.擬聘教職員履歷名冊及各擬聘教師之警察刑事紀錄證明。

3.班舍使用權證明文件（如係租賃，應附租賃或同意使用證明文件，期間須在二年以上，且租賃契約應經公證或認證，該班舍須有獨立之門牌號碼）。

4.財產目錄表。

5.設立（代表）人相片二吋二張（法人附設免附）。

6.班舍照片（含各教室、辦公室、活動區等）。

7.設立人相關切結書。

(四)補習班之設立，應由設立人檢具下列文件，向教育局申請設立

1.設立計畫書：應包括設立宗旨、擬設名稱、班址及使用面積、設立人、負責人與班主任姓名、擬辦類科及班數。

2.課程內容及進度表、科目表、每期修業期間、每期每週上課時數及教材大綱。

3.負責人、設立人及班主任學經歷證明文件及身分證明文件影本。班主任應附專任切結書，技藝類科班主任並應檢附有關之技能證明文件。

4.班舍核准作為補習班使用用途之建築物（變更）使用執照、平面圖及消防安全設備平面圖。但營業樓地板面積未達200平方公尺

之補習班，得依《臺北市一定規模以下建築物免辦理變更使用執照管理辦法》辦理。

5.組織編制及人員配置。

6.其為共同設立者，共同設立人名冊，並應推舉一人為代表人。

7.班舍地理位置圖。

8.負責人、設立人及班主任最近三個月內核發之警察刑事紀錄證明或其他無前科證明。

9.學則。

前項第四款核准平面圖及消防安全設備平面圖，應標明教室面積，並標示辦公室、安全及衛生設備。

(五)補習班經核准設立者，應由設立人於六個月內檢具下列文件，向教育局申請立案

1.立案申請書。

2.擬聘僱教職員工名冊：包括學經歷證明文件、身分證明文件影本及最近三個月內核發之警察刑事紀錄證明書；技藝類科教學人員並應檢附有關之技能證明文件。

3.班舍使用權證明文件：應附租賃或同意使用證明文件，期間應在二年以上，且租賃契約應經公證或認證；該班舍應有獨立之門牌號碼。

4.財產目錄：包括課桌椅、圖書、儀器、安全設備及其他教學器材。

5.設立人或其代表人照片二張（學校、機關、法人或團體附設者免附）。

6.擬立案名稱刻製鈐記一顆並拓製印模二份。

7.建築物室內裝修合格證明、室內裝修平面簡圖。

8.建築物防火避難設施與設備安全檢查申報結果通知書。

(六)立案需檢附有關文件

1.班舍位置圖。

2.教學科目表。

3.教學課程進度表。

4.設立人及班主任學經歷、身分證明文件影本及良民證或其他無前科證明（如為財團法人附設補習班，應檢附原目的事業主管機關同意附設補習班核准函及董事會議紀錄、法人登記證、法人印鑑證明；公司法人附設，應檢附公司登記證明書、登記表《公司大小章》；如為技藝補習班，另檢附班主任有關之技能證明文件）。

5.組織規程。

6.學則。

7.共同設立人名冊。

8.班主任專任切結書。

9.建築物核准作補習班使用之建築物（變更）使用執照、核准平面圖及核准消防安全設備平面圖（如班舍面積不足200平方公尺之建築物得依《臺北市一定規模以下建築物免辦理變更使用執照管理辦法》、《各類場所消防安全設備設置標準》辦理，並備妥擬變更平面圖及消防安全設備設計圖說各三份）。

四、技藝類補習班設立標準

(一)舉例一：舞蹈類短期補習班設立標準

1.班主任：年滿二十歲以上，學經歷具有下列條件之一者：

(1)國內外大專院校舞蹈科系或體育科系畢業，並主修或選修舞蹈學分者。

(2)高級中等以上學校畢業，從事舞蹈事業或有關舞蹈工作一年以上，並曾參加全國性或縣（市）舉辦舞蹈比賽個人組決賽獲前三名者。

2.教師：年滿二十歲以上，學經歷具有下列條件之一者：

(1)國內外大專院校舞蹈科系或體育科系畢業，並主修或選修舞蹈學分者。

(2)高級中等以上學校舞蹈科（組）畢業者。

(3)高級中等以上學校畢業，曾參加全國性或縣（市）舉辦舞蹈比賽個人組決賽獲前三名者。

3.教室：

(1)面積不得小於45平方公尺，平均每一學生所占面積不得少於2平方公尺，除社交舞教室得鋪設一般地板外，其他各科舞蹈應鋪設木製地板。如有妨礙安寧之虞者須有防震、隔音設備。

(2)照明須全面明亮，並採用日光燈，以6平方公尺40燭光一盞標準計，不得裝置各種彩色燈泡，或變化燈光亮度之設備。

(3)教室須裝設面鏡及扶把。

(4)須有音響設備（如擴大機、電唱機、錄音機等）。播放音樂有妨礙安寧之虞者，須有隔音設備。

(5)須有完善之採光及通風設備（電扇、抽風機或冷氣機）。

4.教具：

(1)教學用唱片或錄音帶（須依據立案時所報之教學內容購置）及保管櫃。

(2)教學示範用具（如扇、連箱、花鼓、拂、槍、劍、鈴鼓、彩帶等）。

(3)教室須有輔助教學設備（如黑板或白板、螢幕等）。

(4)鋼琴、電子琴及錄放影機等（得視實際需要增置）。

5.其他設備：

(1)電腦、辦公桌椅一套以上。

(2)書架或書櫃（應購置各項舞蹈圖書，供學生自由閱覽參考）。

(3)學生準備室一間（供學生換裝及放置隨身物品）。

(4)樓梯寬度、防火避難設施及消防設備等，應符合有關法令規定。

(5)設置其他安全、衛生、醫療等設備。

6.教學內容：

(1)民族舞蹈（土風舞）：中國民族舞蹈、外國民族舞蹈。

(2)芭蕾舞。

(3)現代舞。

(4)社交舞。

(5)舞蹈創作。

(6)舞蹈影片或舞曲欣賞。

(7)舞蹈理論。

附註：立案時應註明教學內容，並填具教學進度表。

7.班別：依學生程度分為初級班、中級班、高級班、研究班等四種，各班修業期限視所習科目之性質及教材內容，由補習班訂定，並報請教育局核備。

8.每班人數：招生名額應根據教室容量，每班最多不得超過六十名。

9.附註：未盡事宜，依有關法令規定辦理。

(二)舉例二：運動類短期補習班設立標準

1.種類：

(1)申請立案以單一運動種類為原則。

(2)競賽類：以奧林匹克運動會和亞洲運動會競賽種類、國際奧林匹克委員會承認種類及國際單項運動總會承認種類為限。

(3)其他有益之健身類運動。

2.班主任：年滿二十歲以上，學經歷具有下列條件之一者：

(1)國內外大專院校畢業並曾從事運動指導或運動教練或體育教學二年以上者。

(2)曾獲國光、中正體育獎章者。

3.師資：年滿二十歲以上，學經歷具有下列條件之一者：

(1)國內外大專院校體育相關科系畢業，並曾修習所指導運動種類八學分以上者。

(2)國內外高級中等以上學校畢業，並曾參加政府機關舉辦或政府機關委託學術機構舉辦或全國單項運動協會舉辦之運動指導（教練）研習課程，並持有及格證照者。

前項證照之專長運動種類須與所指導之運動種類相符。

4.場地：

(1)室內運動種類：面積不得小於國際規則所定選手比賽場地之面積。

(2)室外運動種類：面積不得小於國際規則所定選手比賽場地面積之二分之一。

(3)健身類運動種類：不得小於45平方公尺，平均每一學員所占面積不得少於2平方公尺。

5.相關設備：

(1)與立案運動種類有關之設備器材及輔助訓練設備器材。

(2)安全及保護設備器材。

(3)消耗性器性。

6.其他設備：

(1)淋浴（溫水）、更衣（含保管箱）、盥洗設備。

(2)電腦、辦公桌椅一套以上。

(3)書架或書櫃（應購置相關圖書，供學生自由閱覽參考）。

(4)學生準備室一間（供學生或家長休息及放置隨身物品）。

(5)樓梯寬度、防火避難設施及消防設備等應符合有關法令規定。

(6)設置其他安全、衛生、醫療等設備。

7.指導內容：

(1)有關立案運動種類之指導內容如下列：運動練習、運動技術、體能訓練、運動安全、運動傷害預防、比賽。

(2)前項指導內容應於立案時註明，並填具教學進度表。

8.班別：依學員程度分為初級班、中級班、高級班三種，各班修業期限視所習運動種類及班別之性質，由補習班訂定，並報請教育局核備。

9.每班人數：招生名額應根據場地、設備、器材之容量，每班最多不得超過六十名。

10.內容附註：

(1)學員須穿著適合之運動服，接受指導。

(2)未盡事宜，依有關法令規定辦理。

（以上內容引用參酌臺北市政府教育局官網，短期補習班申請籌設文件檔，2022/08/18更新）

Chapter 4

直營連鎖個案簡介與
評論

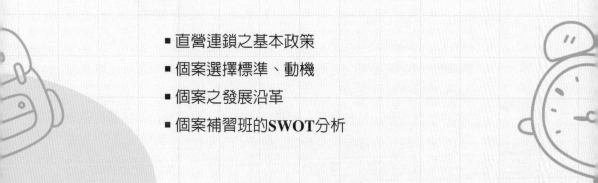

- 直營連鎖之基本政策
- 個案選擇標準、動機
- 個案之發展沿革
- 個案補習班的**SWOT**分析

　　本章共分為四節：第一節闡述直營連鎖之基本政策；第二節探討個案選擇標準、動機；第三節說明個案之發展沿革；第四節是以個案補習班做SWOT分析。而本章節個案以作者所經營之「冠傑教育集團」為探討對象，進一步省思創業以來的流程與政策是否正確，並以客觀的研究態度評論之。

第一節　直營連鎖之基本政策

　　直營連鎖主要是以一種「推動與擴大」的方式來進行連鎖，其中就拓展補習班的規模而言，由總公司（集團總管理處）持續對外廣開分校，像是從總公司產生了一股向外推動與擴大的力量，一切的資源也都是從總公司開始，這些資源像是經營主管與教學師資的培育、設備與備品的提供及經營管理方式的導入等，不斷地延伸到所開的分校。

　　直營連鎖最主要的核心價值是補習班的「品質」以及「品牌」，總公司會介入管理所有分校的事務，監督並且協助所屬分校。總公司只安心由自己公司所培訓出來的師資，因為師資是一家補習班的基石，師資是決定一家補習班品質好壞的重要因素。因此，這些師資都必須經過相當程度的研修與訓練，有一定的資歷及能力來進行教學工作，如此才可以維持師資的品質。而且老師們長年以來一起學習，彼此都建立了相當深厚的革命情感，所以當分校在教師人員調度上出了問題時，比較容易協商調度。不論總公司或是分校，彼此都是息息相關的，所以不會造成分校與總公司之間品質的差異，讓孩子在任何一個分校學習都能得到相同的教學品質作為目標。

　　但是直營連鎖因為以品質一致性為核心，每一家分校的品質都要顧好，越多家分校，要顧及的分校問題就會越多，往往到了一段時間就會造成推動與擴大的緩慢，漸漸無法一次性地開多所分校。而且推動與擴

大的過程，也會有地區性的限制，假設總公司在臺北，分校的師資皆由總公司培育，所以可能變成大部分老師爲臺北人，這些師資當然一定樂意在臺北工作，或許稍遠一些到桃園上課還能夠接受，但是如果遠到新竹或是臺中，雖然臺灣高鐵已經拉近了各縣市之間的時間距離，可是若通車時間過久或交通費補助不夠，老師可能就需要愼重考慮了，當然更遠的就不再贅述。

在企業經營上，直營連鎖的托教事業一樣要能找出其反應市場之方法及創造市場的策略，以下爲作者經營之冠傑教育集團之流程圖（詳見**圖4-1**），透過流程圖說明其策略上與其他業者的差異性，說明如下：

內部發展流程			外部開發流程		
內部行政控管與評比	營運	外部後勤	建立直營品質保證品牌	行銷、廣告及外部招生	市場分類與區隔劃分

圖4-1　冠傑教育集團差異化競爭策略流程圖

資料來源：冠傑教育集團總管理處資訊部（2003）。

1.內部發展流程：

(1)在行政控管、營運、後勤方面與一般同業相比，具備產品差異化的特性。

(2)因直營連鎖的降低成本，以上游成本來領導競爭。

(3)直營連鎖一致性的控管達到品質的同質化與標準化。

(4)因爲直營連鎖讓總公司的創新與經營策略得以在全體分校澈底貫徹執行。

2.外部開發流程：

(1)從直營連鎖品牌的建立、行銷與招生架構強化和加盟連鎖品牌

之差異。

(2)以直營連鎖的品質作爲與下游競爭之差異。

(3)直營連鎖獨特的專業性差異。

(4)區域間的支援強化度高，革命情感強烈。

　　從**圖4-1**中可以看出冠傑教育集團的內部控管與外部開發的發展關係，冠傑教育集團的流程鏈包括一系列的品質控管獨立流程，並透過直營連鎖達到橫面的縱橫，而其流程包括三個主要區塊：研究發展（內部支援）、上游創新（標準化）與下游創新（建立直營連鎖品牌），所以在國家教育政策或環境有改變的時候，例如幼托整合或教改政策等，冠傑教育集團的經營策略與內部結構也因此滾動性調整，這也是此波從民國95年（2006年）以來，托教事業開始面臨倒閉的家數多於開新班的家數之環境不景氣下，冠傑教育集團得以在此經濟層面的逆勢之下保本上升之主因。

　　還有一項值得一書的是冠傑教育集團總公司將自己和分校間的關係定位爲夥伴關係以及擔任經營網路連結事項的一個迅速反應管理者，冠傑教育集團將整個組織切割成一個一個的「流程模型」（詳見**圖4-2**），以利於在短時間之內急速反應，藉以完成在制定政策上的彈性。

圖4-2　冠傑教育集團教育研發流程圖

資料來源：冠傑教育集團總管理處資訊部（2003）

　　不過在這些過程中，當然也曾經因爲調整過於劇烈而導致部分員工因爲無法適應而造成離職潮發生，所有的創新與內部控管流程有賴於

執行力的貫徹，但是執行力貫徹的拿捏對於一個企業的發展來說往往根植於企業文化的習慣養成，而企業文化的習慣養成是非常不容易的一件事，需經過長期的演變。所以後來冠傑教育集團傾全力發展分校間資訊統合與作業流程的標準化，一方面致力於新教案之開發研究與內部控管，另一方面則致力於分校間的標準化，其實這段過程也是冠傑教育集團從一家傳統的文理補習班轉型成公司化連鎖機構的必經之路，而冠傑教育集團選擇以教學品質為主軸的直營連鎖模式，如此做法的缺點當然會導致到了一定時間，分校的推動與擴大會減緩甚至停滯。惟優點則是使冠傑教育集團的整體經營能力得以提升之外，其師資方面的特定能力與行銷在地化的能力，讓其他同業難以在短時間內模仿跟上，而成本的降低更是同業無法快速跟進的主因，這些策略與政策變成模仿冠傑教育集團的進入障礙。

第二節　個案選擇標準、動機

因為直營連鎖著重品質，發展速度較為緩慢，所以市面上幾乎沒有大型的直營連鎖文理補習班，大多以中小型的補習班為市場主力，歷史上較為有名的大型直營連鎖文理補習班有「華興補習班」體系和「冠傑補習班」體系。華興補習班也是補教界歷史上的傳奇，後來華興補習班董事長的做法是將直營連鎖的各分校轉讓給原先各分校的班主任或親友，董事長家屬只掌管一部分分校，以事業體發展及未來的安排看來，其實是一次非常成功的轉型，讓所屬員工、親友得以繼續成為各分校的負責人並經營分校，讓公司用不同的形態存續，確實也給後輩經營者一個完美的傳承，值得學習。也因為華興補習班的經營型態轉變，所以選擇同樣是直營連鎖文理補習班的「冠傑補習班」體系（冠傑教育集團）作為作者的研究個案。

第三節　個案之發展沿革

　　冠傑教育集團之發展沿革，可以從其歷史談起，其實最初它和許多公司成長的背景是一樣的，也是經歷了無數次的轉型，發展成為包括冠傑總管理處、PI4班系、臺灣拓人班系、微笑星星班系、涵軒教育事業、雲諾科技共六大部門的教育集團，學生人數也從初期的五百多人次發展到四千五百多人次的教育團隊，由於冠傑教育集團的擴校有兩個方向，一方面是透過一間一間的補習班併購而來，另一方面則是自立開設新校而來。營運初期也因為班名的不統一及不同補習班的文化融合造成衝突，後來透過內部的學習成長才逐步改變並整合，終於有所成，茲將冠傑教育集團之歷史彙整如**表4-1**。

　　在這段發展的過程中，也有一些令人懷念的重大計畫，其中「龍騰長青」計畫便是冠傑教育集團早期蛻變的關鍵方案之一，其過程是在民國80年至83年的創業時期，當時面臨學生人數一直在五百多人次左右無法成長（當時是以團體班經濟規模為基準，所以在人數上仍未達到經濟規模，若以個別指導班為基準的話，這樣的人數早就超過經濟規模了），因未達經濟規模，使得公司成本及營收呈現相對不穩定的困境，同時也造成一些和作者一起創業打拚的同仁產生信心危機。然而當時作者堅信「成功者找方法，失敗者找藉口」的理念，並且苦思對策：該用什麼方法才能使公司脫離困境而持續成長，於是當下擬定「龍騰長青」計畫並澈底貫徹執行：

　　1.重整組織：將原先教學中心總部擴大成為總管理處並予以企業化經營，初期架構成國小部（後來的微笑星星體系）、國高中部（後來的PI4、臺灣拓人與涵軒教育事業體系）、才藝部（後來分別併入微笑星星體系與雲諾科技）及資訊部（後來的雲諾科

技）四大部門。設定部門階段目標、給予相對資源與要求目標達成共三大主軸，並籌劃出版事業，自行編印公司相關教材。

表4-1　冠傑教育集團教育發展沿革

年度	大事紀要
1986年	擔任數學家教班老師。
1987年	擔任連鎖補習班主任。
1989年	與友人共同成立薪傳文理補習班。
1992年	併購大衛營美語學校。
1993年	併購貝思美語安親班。
1996年	南港總校（現更名為臺北總校）設立，補習班改制為冠傑補習學校。
1998年	臺北總校增設冠群兒童托育中心（現更名為微笑星星課後照顧中心）。
1999年	玉成分校（現更名為昆陽分校）設立。
2001年	誠正分校設立。
2002年	汐止分校設立。
2003年	樹林分校、重慶分校及萬華分校設立。
2005年	基隆分校設立、冠傑補習學校改制為冠傑教育集團、PI4專業個別一對四小組教學正式實施。
2007年	資優教育中心設立（專辦公辦民營學校課後班）、合作經營基隆地區幼稚園、成立冠傑文教事業股份有限公司。
2008年	與臺灣康軒文教集團、日本動力開關集團共同成立臺灣拓人教育事業股份有限公司。
2010年	南港分校、樹林二校（現更名為樹林鉦軒分校）設立、成立加盟總部。
2011年	成立蒲公瑛實業有限公司。
2012年	土城分校（現更名為土城涵仰分校）設立。
2014年	成立涵軒教育事業股份有限公司。
2015年	成立雲諾科技股份有限公司、桃子腳分校及新莊分校設立。
2016年	冠傑教育集團30週年慶。
2018年	PI4中文品牌威繭正式設立、臺灣拓人10週年慶。
2020年	成立臺北市未來教育協會。

資料來源：冠傑教育集團總管理處資訊部（更新至2020）

2. 擴張據點：開設新分校，將原有一所分校擴展為五所。由於設立分校的地點避開了一級戰區臺北西區的南陽街，在民國八〇年代（1990年）初期補習班經營者仍然迷信臨近火車站的市中心開班策略時，作者採取了差異化的設點策略：選擇以臺北東區作為設立補習班的策略，並且在南港行政區連續設立了三所分校，再加上辦學認真，追求教學品質，終於順利成為臺北東區高中、國中、國小直營連鎖班系的領導品牌。

3. 強化核心能耐：成立師資培訓中心自行培育專業教育人才。因為順利找到一群對教育有熱忱之青年老師們，一起培養創業革命情感，並分享事業、真誠對待，使公司擁有一群核心班底，進而成為優秀經營團隊，而這些成員，今日大多數已成為冠傑教育集團內高階主管的主力。

4. 以人為本的領導統御：重塑創業家精神的企業文化，將同仁定位為夥伴關係，定期且深入與團隊成員溝通並瞭解每位同仁的現況與成就動機，進行合理的職責安排，建立制度化的目標管理系統與績效獎勵體系，並且鼓勵與補助員工教育訓練，參與政府委訓之相關課程，將同仁的需求和利益與公司團體的目標相結合，使這些有信心危機的同仁再度積極地參與。因此，作者堅信有責任感的負責人會以同仁的立場關心他們在公司的長期發展願景，誠心相待，並鼓勵同仁努力贏得最佳成就；意即激發同仁的原動力，以推展公司組織的目標。

爾後大約在一年間，便超乎原先預期的目標，學生人數成長到二千人次而達到團體補習班的市場經濟規模，也順利完成地區的擴點計畫，並由公司總管理處自行培訓出近三十位優秀教學與行政同仁，使得總職員人數成長至五十人以上，人才濟濟且具高度的向心力，奠定了日後冠傑教育集團發展的紮實基礎。

第四節　個案補習班的SWOT分析

　　冠傑教育集團經過「龍騰長青」計畫的執行之後，在臺灣北部的基礎已經趨於穩固，所以當下最重要發展策略便是以既有的基礎下持續增加北部直營點的密度，並進而向中部與南部發展，使冠傑教育集團可以朝向全國性的連鎖教育機構邁進。茲以SWOT分析冠傑教育集團，說明如下：

表4-2　SWOT分析策略分析表

SWOT分析策略分析表		
内部因素 外部因素	列出内部強勢（S）	列出内部弱勢（W）
列出外部機會（O）	SO：Maxi-Maxi策略	WO：Mini-Maxi策略
列出外部威脅（T）	ST：Maxi-Mini策略	WT：Mini-Mini策略

資料來源：工業技術研究院，國際合作知識網。

一、優勢（S）

(一)自行開發教材

　　從冠傑補習班時期經過多年的發展，已經開發出一套屬於自己的師資、教材以及教學方式，在國文、英文、數學、自然、社會一些重要的學科，皆有冠傑教育集團的師資群自行研發出來的教材，可以和其他市面販售的參考書有所區別。

(二)品牌形象

由於已經有一段長期的時間在臺灣北部的經營，已經建立冠傑教育集團在當地市場的知名度，獲得地區性家長與學生的認同、信賴與支持。

(三)教學品質控管

冠傑教育集團採直營連鎖經營，所有分校都是直營據點，所以總管理處的政策與教學模式能貫徹執行與統一，教學的品質一直是托教事業體系最重要的核心價值，而冠傑教育集團的直營連鎖經營方式，使該核心價值得以持續的維持與提升。

(四)異業結盟

冠傑教育集團除了開發教材外，也與一些相關或非相關之異業產品進行合作。像是與一些才藝補習班及專業的語文教學公司合作，例如：圍棋、美術、珠心算、美語等，為了提升上課的品質及多元性，在軟體與設備方面也都與廠商合作。

(五)資訊化

冠傑教育集團全面推行資訊化系統，從總管理處便可以管控各個分校的上課情形，除了可以觀察老師與學生的上課互動之外，還可以協助有效管理班級秩序。另外也開始發展視訊教學的體系，在當時手機還是3G的時代，這是非常超前部屬的一項創新。

二、劣勢（W）

發展較慢

　　因為不像發展加盟的連鎖機構，在招募到加盟主後，加盟主繳交加盟金及權利金、並找到營運補習班的場地後便可以進行加盟開校。冠傑教育集團的直營連鎖經營模式因為皆由總管理處決定是否開設新分校，而且還需要經過嚴格的市場評估與市場調查把關，加上師資群幾乎皆定居在北部城市，不易往外縣市分派，皆是影響冠傑教育集團發展較慢的原因。

三、機會（O）

國際化

　　臺灣的托教事業，已經有開始向外取經的取向，冠傑教育集團也積極與國際知名補習班交流彼此的教學方式與行政營運，讓公司與世界接軌。由於所屬其他機會與加盟連鎖機構一樣具備，容後再述。

四、威脅（T）

(一)進入門檻低

　　政府對於補習班立案方式的放寬，造就了一批因為經濟不景氣而轉業的中高階企業人才，正好自己身邊也有一些積蓄，在考慮到教育事業

體系相對避險的潮流下，便投入了開設補習班的行列。主因在於這些投入者普遍認為補習班蠻好賺的，也因為許多人的投入，一時之間補習班越開越多，造成每一個學校旁邊幾乎少則數家，多則數十家以上，已遠超過市場的需求。

(二)小型補習班的低價砍殺

因為小型補習班與未立案的社區家教班林立，成本低、人數少是這些業者的特色，不過一旦這類型業者太多的話，由於取締不易，就會形成市場的瓜分。這些業者由於無品牌的競爭力且教學品質通常不如連鎖的托教業者，所以最常見使用的招生策略便是利用低價的學費來吸引家長與學生，造成市場價格的混亂。

加盟連鎖個案簡介與
評論

- 加盟連鎖之基本政策
- 個案選擇標準、動機
- 個案之發展沿革
- 個案補習班的SWOT分析

　　本章以第四章爲對照，將加盟連鎖與直營連鎖對比，共分爲四節：第一節闡述加盟連鎖之基本政策；第二節探討個案選擇標準、動機；第三節說明個案之發展沿革；第四節是以個案補習班做SWOT分析。由於畢竟牽涉到許多同業相關的營業與公司資訊，所以本書在同業資料的選擇上皆採用較早期已經公開官宣及研究的營業或公司資料作爲分析，作者以尊重同業的做法，保護一般來說營運與公司資料不會完全公開的習慣通則。而本章節個案以已在海外上市的吉的堡美語爲探討對象，透過加盟連鎖個案之研究進一步探討當時其創業模式與政策是否允當，並以客觀的研究態度評論之。

第一節　加盟連鎖之基本政策

　　加盟連鎖爲近年來最盛行的一種連鎖經營，這也是市面上大部分美語補習班的經營方式，因爲家長對於美語的學習都不希望輸在起跑點，所以越來越重要，導致學習人口持續逐年升高，爲了因應廣大的美語教學市場，快速擴展的美語加盟連鎖也就因此受到青睞。

　　加盟連鎖主要是由一種「拉入與吸收」的連鎖經營方式，加盟主認爲這所補習班經營模式值得投資，紛紛被該補習班吸引。一般加盟的方式可以分爲「連鎖加盟分校」及「教材指導班」兩種，要加盟都需支付一定的加盟金與權利金，而總公司爲了增加公司營業額，對於加盟金與權利金的方案好壞變成招收加盟主的重要誘因，透過接受加盟而快速發展。這種做法有時在這樣快速的發展中，總公司的人才沒有跟上，便很難將品質顧好，雖然所有分校教材大多都是相同的，但是師資的教學經驗好壞卻是有差異的。也因爲總公司快速的發展，需要大量的老師群，有時在資源不足時便無法全部都得到良好的訓練就派出教學，最後造成總公司的師資一流，但是加盟分校的師資卻是差強人意。加盟分校都只

與總公司往來，彼此間沒有太多的關聯，當加盟分校發生師資調度的問題時，就比較難做彼此的師資調度支援，畢竟各加盟分校常理來說一定會以與自己有關的相關業務為優先，不會特別考慮其他加盟分校的情況。

第二節　個案選擇標準、動機

在臺灣市場最主要有八大加盟連鎖的企業團隊，由於經營形態、主力項目與客戶層有些差異，不過這些企業都是在因應地球村概念而導入以美語為經營主軸之加盟連鎖企業，茲說明如下：

一、何嘉仁美語

1. 經營理念：永遠積極學習，前瞻未來。「終身學習」不只是趨勢更是新世代必然的一種生活態度，何嘉仁文教機構從1983年成立至今一直致力於文化及教育的推動，我們所跨出的每一步與所提供的每一項服務更都是在前瞻下一代未來學習需要的立基點上，秉持誠正、踏實、創新的理念，結合一群積極並且對文教事業有高度熱誠的夥伴，一同努力而來。未來的世紀學會如何學習（Learn how to Learn）將比學會既有的知識（Learn to Know）更重要，是故無論是基礎教育、外語、資訊教育甚或閱讀環境的提供，何嘉仁都將自我惕勵，掌握趨勢、不斷創新，期許提供所有家庭更完善的服務。
2. 幼兒學校的理念：全人教育，快樂成長。

二、地球村美語

1.兒童美語教學特色：

(1)專業的中外籍師資。

(2)精心量製中外教材：包含進口及地球村精編的優良教材，讓小朋友能習得清楚的文法、流暢的句型對話和正確的發音。

(3)定期課後輔導工作：課後教師會安排定期電話教學，養成小朋友在家自修的功夫，並與家長進行電話訪問，研討如何增進孩子們的英文能力。

(4)寓教於樂的小班制教學：地球村所保證的精緻小班制教學，以遊戲的教學方式讓小朋友能在愉快且歡樂的氣氛當中，與外國籍老師充分的對話與學習。

(5)視聽器材設備完善。

(6)完備的軟硬體設施。

(7)特別設計的座位安排。

2.美語與日語雙主軸的成人教育市場運作，並強調在全臺分校皆可上課之號召。

三、吉的堡美語

深層耕耘、細心呵護。吉的堡教育機構在創辦人王國安先生的領導下，一直秉持著永續經營的理念，不斷強化公司內部員工組織，聘請國內外相關領域之專業人才，與美、加、英地區多所大學合作，引進專業外籍師資，配合完整的教育訓練，同時吉的堡美語教材更榮獲教育單位評選為第一名，高品質的教育成效廣獲各界好評，迄今全國分校、分園所總數已超過四百家，透過吉的堡教學系統學習的人數達十五萬人

以上；但吉的堡教育機構絕不以今日的成就為滿足，因為唯有不斷地學習成長，推出更精緻的產品，來滿足顧客的需求；多角化經營，增加競爭優勢，才能使企業永續經營。幼兒學校的理念：適合三至六歲的小朋友，著重在聽、說能力的加強，希望透過實用的英文教學，達到溝通的目的。

四、長頸鹿美語

長頸鹿文化事業有限公司是專業美語中心，現今已在全臺各地建立了五百家以上的連鎖班系，是目前國內最大的美語連鎖機構，自成立以來「懷著教育的熱誠，為下一代美語紮根」為宗旨，且本機構董事長榮獲第十九屆青年創業楷模獎，接受國家表揚。其標榜重心就是全臺最大，普及度最高。

五、科見美語

1.幼兒美語教學特色：

(1)專業師資群（外籍老師）：由ELSI甄選專業教師，具幼兒美語教學經驗。

(2)中籍老師：富愛心、耐心，具豐富幼教經驗。

(3)純美語環境教學：單一美語教學，外籍老師專職專任，全日陪同幼兒學習及生活。

(4)精緻小班教學：小班教學，幼兒能充分表達、討論、互動及學習。

(5)全方位課程設計：以美語學習生活會話、數理概念、自然科學、音樂律動、藝術美勞及生活教育等互動式教學，啟發幼兒思考邏輯，豐富幼兒創造力。開放式角落教學：設立圖書角、

益智角、玩具角、視聽角等，提供一個快樂、安全的活動空間，讓幼兒在遊戲和學習的互動中激發潛能。

2.強調從幼兒至成人的美語學習皆在科見美語，確實是目前招收學生年齡最廣的機構，近年來也開始發展日語課程，也是以幼兒至成人學習皆可的市場定位，強化其一脈的相輔相成。

六、喬登美語

在民國71年造就了喬登美語事業機構的誕生，從喬登美語，到喬登兒童電腦，到喬登1+2數學，到喬登安親課輔，到喬登全人教育幼兒園，這些年以來，「喬登」已成為孩子放學後的「第二學校」，更是全省從南到北，從都會到城鄉各個社區裏面絕無僅有的「全方位社區教育中心」。而喬登全省將近五百家的「全方位社區教育中心」在數千名教職同仁的努力下，本著「專業、親切、效率、熱情、創新」的工作精神，提供了近十萬家庭的家長與孩子們最高品質的「第二學校教育」，對提升我們下一代的教育品質，對我們整個國家、社會、未來的發展，做出了不可磨滅的貢獻。

七、佳音美語

成立於民國70年，創校之初即以專業的英語教學，負責的辦學態度及嶄新的教育兒童為本位的教育理念。佳音於臺北創校後，由於學制完整、師資培育嚴謹、教材與教法創新、教學成效卓越而開立分校，至民國79年，應廣大市場需求，開放加盟，目前全國分校已有一百五十所。

幼兒美語教學特色：營造自然的教學情境，透過有趣的肢體反應教學，讓幼童在沒有壓力的情境下，理解新語言，經由聽、動、說、唱、玩的活動歷程，讓英語「動」起來，讓學習充滿活力。

八、芝麻街美語

民國76年成立以來迄今，已有一百多所分校，成果卓越，讓芝麻街的學生在求學過程中不但不視美語為畏途，反而認為美語是有趣的、輕鬆而更加熱愛。分校遍布全省，為一教學組織系統完整之美語教育機構。

1.幼兒美語教學特色：
  (1)環境教學法：No Chinese，我們強調100%純美語學習環境，所以在課堂上當某一個小朋友不小心迸出中文時，所有的小朋友都會齊聲同喊「No Chinese」來互相告誡，氣氛歡樂無比。
  (2)自然拼音法：指根據語言發音的自然規則歸納而成的一種發音法，音標則是語言學家根據英語不同的音而制定的一群「發音符號」。
  (3)母語教學法：即是讓學生以學習母語的方式來學習英語。依照聽、書、讀、寫的次序來學習英語。
  (4)T.P.R──全身肢體反應教學法。
  (5)遊戲教學法（芝麻街美語網站，2002）。
2.芝麻街美語由於總部並沒有強烈規定經營模式，所以也有發現部分芝麻街美語教室兼YAMAHA音樂教室的狀況。

九、結論

綜上所述，作者選擇「吉的堡美語」作為個案公司，因為它是第一家在美國上市的美語補習班，因此相當具有獨特性，並且所有美語補習班所需具備的條件，吉的堡也幾乎都有具備，特色也不少，加上個案公

司的歷史發展也是1986年開始（與冠傑教育集團的歷史發展沿革開始同一年，所以有一種親切感），故作者在多家美語連鎖教學機構中，最後選擇吉的堡美語為本書的個案公司。

第三節　個案之發展沿革

一、組織架構

吉的保組織架構圖如**圖5-1**所示。

二、歷年重要記事（資料採用至2002年）

1986年　第一家兒童美語學校，以芝麻街美語中心之名在士林正式成立。

1988年　開始推廣幼兒美語教學系統，第一期就有10家教學系統成立。

1989年　兒童美語品牌深獲肯定，教學輸出系統已成長至90家，同時王董事長為顧及品牌的未來延展性，毅然將品牌轉換成吉的堡-KID CASTLE，此乃吉的堡之重大轉捩點。

1991年　為提升完整學前教育的理念，將雙語教學概念導入學前教育，創立第一家「吉的堡雙語資優幼稚園」，立刻受到全國家長的認同。

1993年　成立全臺第一家將幼兒美語融入安親課程的「吉的堡資優安親課輔班」。

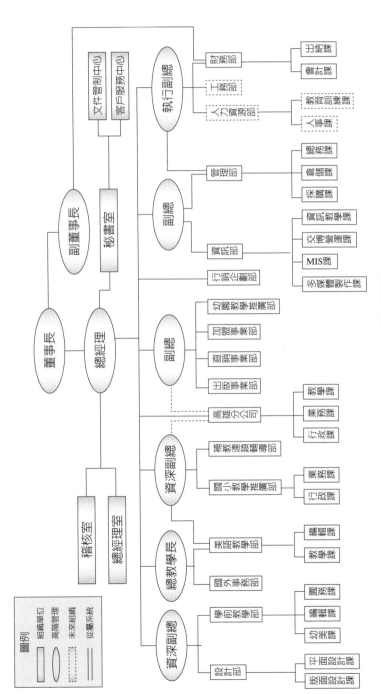

圖5-1　吉的堡組織架構圖

資料來源：《吉的堡教育行銷大壘》，李參慈

1995年　推出了全臺第一家專業兒童電腦的「吉的堡電腦學校」。

1999年　吉的堡正式進軍國小正規美語教育市場，其國小美語教材更榮獲五大縣市教育局評選為第一名，同年全臺第一套專業美語雜誌也正式問市。

2000年　創設第一座兒童智慧型教育網站，正式跨出兒童網路教育事業的領域。

2001年　成立了中國大陸上海總公司。

2002年　由於教學成效深受肯定，更成為亞洲第一家在美國NASDAQ掛牌上櫃的兒童教育機構。

三、經營型態及特色

(一)走向全球化的經營規模

　　經過多年的深耕有成，吉的堡教育機構廣納國內外教育界精英，除了將總公司擴編至二百餘人，組成全國最專業的經營團隊外，亦成立高雄分公司，美國辦事處，提供所有內部外部及海外顧客最優質的服務；而由於吉的堡之專業已廣獲大陸同胞認同，也已於2001年6月成立大陸總公司、直營幼兒園，為進軍華人世界最大兒童教育王國做準備。

(二)專責研發的教材團隊

　　吉的堡美語聘任美語教學、電腦教學、學前教學各方面經驗豐富之專業人才，其學歷皆為國內外教育科系碩、博士，且教學經驗、教材編輯經驗平均六年以上，研發教材計有美語教材類、電腦教材類、全國第一套三至十五歲美語教學系統等教材，這些教材已深入全國家庭，每年

擁有超過四十五萬名學生使用。

(三)完整輔導團隊

吉的堡以永續經營的態度，輔導全國三百餘所加盟校園，從初創班務的籌備期開始即給予經營者最完整的訓練、規劃及相關資源，並透過教育訓練、觀摩方式、評鑑、專人輔導等方式，讓加盟的夥伴擁有堅強的競爭優勢。

(四)多元化經營提供加盟夥伴全方位服務

自1986年成立迄今，多年以來吉的堡教育機構以兒童教育連鎖經營事業為基礎，由吉的堡美語學校開始，逐步發展出吉的堡資優幼稚園、吉的堡電腦學校、吉的堡資優安親課輔學校等多角化經營項目，並陸續邁進出版發行事業、兒童網路教育事業，為全球華人家庭二至十二歲兒童提供一個最優質的美語教育、電腦教育、學前教育、安親課輔學習環境。

四、經營成果（資料採用至2002年）

1.吉的堡雙語資優幼稚園：
　(1)直營：4所（臺灣3所；上海1所）。
　(2)加盟：42所（臺灣）。
2.吉的堡兒童美語學校：
　(1)直營：2家（臺灣1家；上海1家）。
　(2)加盟：170家（臺灣160家；上海8家；西安1家；武漢1家）。
3.吉的堡資優安親課輔學校：
　(1)直營：1家（臺灣）。

(2)加盟：160家（臺灣）。

4.吉的堡電腦學校：

(1)直營：1家（臺灣）。

(2)加盟：75家（臺灣）。

5.吉的堡美語教學合作幼稚園：1,300餘所（上海3所）。

6.吉的堡多媒體教學合作幼稚園：100餘所。

7.吉的堡英語教學合作國小：近600所。

8.吉的堡幼童美語雜誌：每月發行上萬套。

五、吉的堡展望未來

　　從以上資料，可以感受到吉的堡集團多角化經營下，配合加盟連鎖的策略，快速的發展眾多分校。而在邁入21世紀的數位時代，吉的堡以目前的經營成果爲基石，正式成立跨網路、連鎖及出版的綜合性機構，藉由網際網路的迅速便捷、連鎖市場的快速發展、優質出版品的廣大需求，將兒童教育市場所積蓄的能量激發出來，供應全球華人世界最專業、最優質的學前教育、美語、電腦、安親課輔教學，培育吉的堡學童成爲最具競爭力的社會菁英。同時透過網際網路超越時空及無遠弗屆的特性，將吉的堡產品快速引進國際市場。吉的堡兒童教育網只需在各國申請設立網站，即可將網路教育產品輸出至全世界，建立國際化專業品牌形象，達到品牌國際化；由於品牌形象國際化及專業化的影響，帶動實體連鎖及出版事業，能藉由相同的品牌形象，達到國際化，讓專業教材、經營管理、品質控管等實體教育體系，順利推展至國際市場，發展出國際性的加盟及出版事業，達到連鎖國際化；藉由網站的集客力及所擁有豐富的教學資源、行政作業系統、整合金流及物流機制等資訊，讓吉的堡不僅於「連鎖教育機構聯盟」占有一席之地，甚至成爲其中翹楚。在網路、連鎖、出版、技術、市場條件成熟下，吉的堡已經擁有最

佳的品牌、通路、人才、研發、競爭力、服務、管理、高度負責及顧客期望，成為「華人世界最大兒童教育王國」，包含：網路事業、連鎖事業、出版事業（李彥慧）。

六、結論

由上述資訊不難瞭解，吉的堡集團的確在短期內架構了多元發展的補習教育王國，具有前瞻性的負責人擘劃了公司開展的策略，多角化的經營模式吸取了眾多類型的人才，以公司化的規模組織執行公司治理政策，在企業橫向與縱向的連結上發揮得淋漓盡致，並於民國91年（2002年）成為亞洲第一家在美國NASDAQ掛牌上櫃的兒童教育機構，公司的經營與發展能力令人激賞。冠傑教育集團一樣從1986年發展至今卻得到截然不同的市場規模與經營型態，從結果而論加盟連鎖的經營模式確實較直營連鎖的經營模式成功，這部分無庸置疑。作者以為這兩種公司發展策略在根本上並無對錯，端賴於創辦人與經營者對於教育事業的公司核心價值觀點為何？不諱言吉的堡集團對於提升加盟連鎖教育機構的形象確實貢獻卓著，而其對有心投入補教事業的未來經營者做了絕佳的如何擴張事業版圖的示範。

第四節　個案補習班的SWOT分析

由於吉的堡集團認為臺灣的美語補習市場已經大致飽和，所以吉的堡集團在臺灣市場已經飽和後，積極前往對岸開拓大陸市場，以下為研究吉的堡集團（開發大陸市場）的SWOT分析。說明如下：

一、優勢（S）

(一)自行開發教材系統

　　加盟連鎖事業體系多半擁有自己的教材研發團隊，吉的堡集團經過多年的發展，已經掌握教材和軟體技術、師資培育系統。以從國外研修回來的部分資料作為理論架構，老師實際授課時與學生互動的經驗，作為實務的基礎，將兩方面充分融合之後呈現出最好的教材系統。吉的堡集團特別為二歲至六歲的幼兒學前教育，以及七歲到十二歲的兒童美語學習，分別安排了不同體系的分齡教材，而且更分別以掛圖書冊、歌曲集、錄音帶與CD、錄影帶、VCD與DVD、互動式教學光碟、網路多媒體與其他周邊教材等多元化出版品的授課內容，來增加兒童的學習興趣，加強語言學習的效果。另外，由於吉的堡的出版品幾乎都是以美語為主，所以即使進入大陸兒童教育市場發展，在繁體中文與簡體中文轉換的過程上，並沒有碰到太多問題，且教材幾乎都是兩岸可以適用的內容，這非常有助於降低教材的開發成本。

(二)透過海外上市——在美國掛牌上市

　　吉的堡是亞洲第一家在美國掛牌成功的專業兒童教育機構。吉的堡在那斯達克上櫃，發行1,500萬股、淨資本額300多萬美元，掛牌價每股3.5美元，並於2002年進行500萬股的增資，吉的堡在美上櫃後，將有更充裕的資金。兒童文教產業堪稱是知識經濟的主流產業，故透過在美國的上櫃集資，可加速將臺灣的連鎖產業技術，推向大中華及東南亞地區的文教市場。

(三)品牌形象

透過長期經營的品牌形象,迅速建立加盟主在其所轄分校當地市場的知名度。

(四)異業結盟

吉的堡集團利用本身現有的通路或結盟對象之既有通路的優勢,與相關或非相關異業之產品進行搭配行銷,這和直營連鎖業者一樣也有同樣的優勢。例如,吉的堡安親課輔學校引進楊氏速讀、瘋狂科學、建構數學等相關異業的教學產品,以強化安親班的課程內容;又如吉的堡集團與義美食品、草莓軟體、昱泉國際等非相關異業合作,利用其產品作為吉的堡幼童美語雜誌的訂閱贈品,以達到促銷吉的堡幼童美語雜誌的目的。以上兩者都是既能直接增加異業產品的銷售,又能促銷吉的堡產品的策略。

(五)know-how系統

完整的移轉歷經市場多年競爭之成功經營系統,並隨時研發、提供最新經營know-how,培養加盟主高度的經營實力。吉的堡集團將其成功經驗化為技術的know-how,並努力經營品牌形象,以形塑其技術的know-how為有價商品,透過付費授權的機制,將之移轉予被特許的授權者,藉此複製其成功經驗,同時擴大品牌影響力及市場占有率。

二、劣勢（W）

(一)加盟連鎖總部無法完全控管每一個分校

由於加盟主仍然擁有整個分校的所有權與經營權，如果加盟主未確實執行總部政策或是品管不統一，便會造成現在加盟連鎖業者總部最普遍的問題：政策與品質無法貫徹。所以各加盟分校的經營品質因而不一致，除了直接影響到教學品質之外，也間接影響了品牌形象。

(二)未開拓成人教育市場

在地球村的概念與加入WTO、企業要求員工具備多種職能等趨勢下，成人美語的需求度升高，一般民眾對於語文教育訓練，甚至第二外國語的學習需求日益增加，成人語文類補習教育市場也隨著進入戰國時代，許多語文類教育機構正以各種不同上課方式（實體或是線上）投入市場中，成為語文教育未來發展的重心之一。而吉的堡集團的對象以兒童為主，當然這可能與公司核心經營價值觀念不同所致，因此將無法搶食這一塊市場大餅。

三、機會（O）

(一)從北京奧運申辦成功到臺灣順利加入WTO的環境變化

對岸大陸為了能融入世界，成為地球村的一員，除了強化在國際間的自我行銷能力，對於美語學習的推廣更是積極，因此造就了外語補教市場進入另一個高峰。學美語儼然成了大陸最流行的全民運動。大

陸每年的美語培訓課支出大約達到三十億元人民幣規模，如果再加上教材、學習軟體及電視節目等衍生產業，大陸的英語學習消費支出將超過一百億元人民幣以上。

(二)幅員龐大的教育市場

由於人口眾多，大陸的美語教育是有能力自成一個市場，完全可以自給自足，以兒童的人口來說，大陸地區光是三到十二歲的兒童人口，約有一億九千萬人，也因此兒童文教市場將高達數千億人民幣的市場經濟規模。

(三)教育市場具有延續性

教育市場的需求一直是存在的，只是量的大小。以語言教育而言，學校上課的時數太短、不敷需求，加上語言學習中會話的練習尤為重要，語言需要融入生活中，這在社會家庭結構的變化，雙薪家庭成為社會主軸，家長無法陪伴孩子的語言學習成長時期，有賴美語教學機構的協助，這也是吉的堡集團的強項。就像家長因為工作無法在家帶小孩，安親型態的課後照顧中心及幼兒園市場永遠都是需要的，就算是直營連鎖體系的冠傑教育集團也是一樣重視。

(四)少子化的影響

由於大陸實施一胎化政策（從2016年到2021年，大陸推行鼓勵或強制一對夫婦最多生育兩個孩子的計畫生育政策，取代了之前在中國實施長達三十五年的一胎政策，但隨後證明出生率已經很低迷，為了加緊緩解國家出生率下降的影響，該政策很快被2021年5月31日推出的三孩政策取代而成為歷史），當時幾乎每個小孩都是寶貝。而臺灣少子化的趨勢也有一樣的狀況。所以家長皆十分重視教育，尤其是美語教育，因為

家長大多希望孩子透過美語的學習，長大後可以進入跨國的公司工作，因為大多數跨國企業的待遇比當地的企業好，但如果要進國際級的公司，美語一定要好，所以家長為了孩子的學業和未來就業都很願意投資在美語的教育上，對於吉的堡集團非常有機會在這塊市場上獲得收益。另外，華人普遍唯有讀書高的觀念，讓家長在投資子女的教育時也絕不吝嗇。而直營連鎖的冠傑教育集團也是一樣具有這樣的機會。

(五)大陸軟體方面的缺乏使吉的堡集團有切入點

跟臺灣比起來，大陸的美語教育系統發展反而是比較早的，相對而言也有許多程度不錯的老師，所以初期暫時不缺美語教育的人才，但是對於美語教育的軟體方面資訊卻是相當的缺乏，教學方法與教案的不足便是顯著的一例。而臺灣因為有許多民營機構在推動美語教育，所以累積了許多兒童美語的教育人才、教學方法與教案，相對於大陸市場起步階段，當時正是臺灣切入大陸市場的機會，惟大陸於2021年5月21日通過雙減政策（雙減是指「減輕學生作業負擔」及「減輕學生校外培訓負擔」）之後，補教市場起了結構化的大改變，如何因應也考驗補教事業體系的能力。

(六)幾乎相似的語言文化

臺灣與大陸因為是同文同種，加上繁簡體字的轉換在現今資訊軟體發達的時代並不難，相對於其他國家更能融入當地兒童美語教育的學習市場，吉的堡集團在臺灣的教學方式與教案只要略為修正就能適用於大陸使用。

(七)《民辦教育促進法草案》的通過

大陸通過《民辦教育促進法草案》首度允許私立學校盈利。這是私

塾與補習班產業化的基礎，有了這個法案，國外法人機構在大陸辦學及獲利才能獲得保障，不過也因為雙減政策蒙上陰影。

四、威脅（T）

(一)大陸企業的模仿能力相當快速（其實這也是亞洲部分體系國家的習慣性作為）

大陸業者在營運初期由於從臺灣引進的教學軟、硬體都非常新穎有趣，加盟主可能在很短的時間便坐收淨利，隨著加盟主經營一段時間之後，開始複製臺灣的教學方法與教案，包括硬體設備的強化，而且大陸對品質的要求也逐漸提高，所以大陸加盟主如果不能在專業上持續進步，只想開分校坐享其成，可能很快就會被淘汰。所以，教學產品要能持續不斷地創新，並具備獨有的特色，強化know-how的控管和經營管理的標準化（李彥慧）。

(二)政策反覆與部分貪污腐化（其實這也是亞洲部分體系國家的習慣性作為）的風險

法令模糊地帶仍然很多，對於前往大陸投資教育的臺商也增加了許多風險。而且大陸就資訊透明度來說仍然相對偏低，核准單位操縱生殺大權，若加上部分貪污腐化的問題，法治的不清明確實提高了許多不必要的成本。大陸於2021年7月時提出「雙減政策」，其中禁止補習班超前教學、假日及寒暑假不能上課，還有不能聘請外籍教師等，讓補習班的經營大受打擊，而且大陸對補教事業的打擊還沒有停止，甚至傳出會討論立法，禁止私人補習班收費的重大威脅。

因應產業發展之策略
轉折

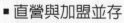

- 直營與加盟並存
- 策略轉折
- 策略方式
- 策略轉變之因

　　本章共分為四節：第一節探討直營與加盟並存之可行性；第二節談策略轉折（孫子兵法謀攻篇－上兵伐謀，其次伐兵，其下攻城），以孫子兵法謀攻篇一文來強化策略的重要性；第三節說明策略方式並引用Black & Porter經營策略運作流程架構圖輔助說明；第四節談策略轉變之因，從策略演進歷史談起，進而瞭解策略創新之重要性，最後以托教事業經營者的思維深入探討。本章節最主要是要說明在因應產業發展的過程中策略轉折之原委，並作為研究新托教事業連鎖模型之準備。

第一節　直營與加盟並存

　　在現今社會快速發展以及重視品質的時代中，直營連鎖可能較有品質但是發展緩慢，加盟連鎖則反之，直營連鎖優點說明如下：

1.教學品質普遍因為直營管理而較優。
2.總公司（集團總管理處）制定的政策與教學方針得以貫徹執行至所有分校，讓教案模式達到一致性。
3.分校之間同仁的向心力較強，而且彼此都一起在同公司之中成長，一起研修與發想教案，這一致性的背景成長過程讓同仁間形成更高的融合度，事務的合作配合度高。
4.分校之間支援性強，尤其在遇到師資調度的問題時，比較可以同理心的方式支援其他直營分校，形成善的循環。
5.所有分校有共通與一致性的經營信念及核心價值，同仁一起衝分校營運績效，使分校間因為良性競爭而活動力旺盛。

加盟連鎖優點說明如下：

1.總部以吸收加盟主加盟的方式，並透過群體加盟主的力量，加速加盟分校的開設，在總部若可以維持優秀的品管下，分校的家數

必定持續倍數成長。

2.總部加盟金與權利金得以因為加盟分校的加速開校，因而迅速取得資金來源，有利於會計財務槓桿的操作，透過現金流調控繼續擴大公司規模。

3.透過共同廣告的效益，快速累積品牌的知名度。

4.因為分校數量到一定的規模，異業結盟者的意願會持續增多，畢竟在商場上掌握了學生及家長這個主要客源，對於很多產業來說都是需要的。

5.由於分校若到了一定的經濟規模，成本會因為規模經濟而降低營運、人事、總務等相關費用，使整體總部成本下降，營造更優的經營環境。

　　所以如果能兼以直營連鎖與加盟連鎖的長處，研究此兩種經營模式如何同時並存在公司經營模型，如此既可以維持托教事業的教學品質，還可以加快托教事業的發展速度，透過結合直營連鎖與加盟連鎖兩種經營模式的優點，讓總部在擴展分校的時候，不再因為師資與行政管理人才而只侷限於區域的發展。惟直營連鎖與加盟連鎖的整合不是一件容易之事，但若能找出此事業發展模型，就公司長遠經營的目標看來，這樣的方向應該是對的。因此，作者認為這個方向才是托教事業未來可以發展的最好策略。

第二節　策略轉折

　　《孫子兵法》有云：「上兵伐謀，其次伐兵，其下攻城。」此策略轉化對現代企業的經營來說做了最好的註腳，良好的公司策略著實可為事業之拓展收事半功倍的效果，不論是直營連鎖與加盟連鎖依經營實況所做的適當策略轉折，其實在公司的經營過程中都是必須的，以下就以

直營連鎖業者如何策略轉折爲範例做一說明：

一、透過增設總公司的加盟總部，讓總公司具備直營與加盟兩個經營體系的部門

透過增設加盟總部，由於引進專業的加盟開發與營運的人才（當然也可以從原來直營總部體系內的同仁拔擢），可以使分校增加點的擴散，因爲市場開發人才的加入，不再侷限於單一行政區域或縣市開校，對於品牌知名度的擴大具有關鍵性因素影響，讓總公司集團體系可以延伸至其他的行政區域縣市。然後隨著分校地區的擴展，開發同仁對於辨識地區的細度發展也要做好市場調查以利整體公司的擴展方向不至於偏頗。

二、初期在總公司設置不相容的副牌模式探討

另一種做法是總公司增設加盟總部所管轄的分校，應該與直營總部的分校有所區分，以冠傑教育集團爲例，在集團發展的歷史過程中，過去由於堅持品質管理的直營分校開拓策略，所以曾經也經過將直營分校全部都掛冠傑教育集團所屬品牌的招牌，但是加盟分校（當初執行時期比較類似合作分校的概念）則用另一個副招牌的做法時期，在集團內部的運作還是以直營分校爲主，加盟分校純粹擔任一個被照顧並且接受冠傑教育集團支援輔助的角色，加盟分校針對所需付給集團總管理處費用，在部分的業務上接受集團總管理處的管理與協助。

三、標準化的管理

　　一般連鎖補習班的走動管理與反應管理，其實是一種沒有效率的管理方式，這樣的管理方式只能看到事情的表面，並無法針對各分校發生的問題做細部的探討與提出解決之道，對於看清楚一家補習班真正管理的實質面完全沒有幫助。所以作者認為每一所加盟分校可以在與總部一起會議討論之後，針對地區的特性，發展出該校應該有的地方特色，然後一樣維持總部與加盟分校的標準化管理規則。讓每一所加盟分校的教師、行政主管、教案與教材等相關人事與業務，都必須採用同樣一套標準化管理流程，接受同樣的訓練與理論研修，才能達到一個有效率的管理方式。

四、對於加盟門檻的提高與方法

　　提高加盟的門檻管理，加盟總部不再只是以讓加盟主單單繳交加盟金與權利金便可以加盟了，在加盟金與權利金的繳交之前，加盟總部必須針對未來可能的加盟主做適切的訪談與面試，透過訪談的過程過濾出真正具有對教育事業充滿熱誠而願意長期經營者，畢竟教育事業是一個良心的事業，也是一個需要穩定持續經營的事業，如此可以減少加盟主因為忽略道德層面的社會觀感及教育的永續性而任意中途退出的情況。主要的加盟主過濾過程有四類：

(一)原直營總部分校的員工希望成為加盟主開校

　　直營總部分校的員工會有創業的念頭，通常為較資深的同仁並且因為長期在直營分校工作已經累積了相當多的經驗，成長過程也接受過正統專業的訓練，一般來說在能力上是比較沒有問題的。加盟總部對於這

類型想開校的同仁訪談，應該著重在這位希望開設加盟分校的直營分校同事是否適合成為加盟主？若訪談之後確定可以擔任，由於在同公司一起成長的背景下，同事間的共事與革命情感深厚，讓員工可以選擇希望開校的地區或是回自己的家鄉（當然也可以由加盟總部的開發同事推薦優秀地區）開設加盟分校。若員工是選擇回鄉開設加盟分校，也比較瞭解當地的地區學習文化，加上親朋好友的支持，定能開設出適合地區環境的在地加盟分校。

(二)具有教育熱誠的地區地主或自有店面的所有權人

此類具有教育熱誠的地區地主或自有店面的所有權人，由於具備加盟分校開校的其中一個非常關鍵因素，就是如果這位未來加盟分校的加盟主，其建物是可以合法立案的話，在實際營運後，就租金成本的考量上就可以比一般需要仰賴租用班設才能經營的加盟主多了一個穩定的班設關鍵因素。惟不管是教育熱誠的地區地主或自有店面的所有權人，雖然提供了土地蓋班設或是自有店面，因此減少或降低了尋找加盟分校店面的成本，但是多數教育熱誠的地區地主或自有店面的所有權人畢竟沒有實際經營補習班的經驗，所以作者建議這類未來的加盟主在加盟總部訪談確定可以開設加盟分校後，最好先安排到總公司直營總部的所屬分校進行研修一段時間，培養其對補習班的行政業務、教育理念、學科規劃與教學經營等能力後，再讓加盟主開設加盟分校。

(三)原經營托教事業機構的經營者或是從業人員遇到經營或職業生涯瓶頸者

許多獨立經營托教事業機構的經營者或從業人員，在遭遇教育大環境的變遷時，沒有跟上變遷的時代腳步，或是長期經營與從業習慣所造成的托教事業機構老化、創新不足時，這類型的未來可能加盟主，畢竟他有過托教事業機構的經營或從事經驗（但是若無法讓自己有歸零重新

學習的意志，建議就不要勉強），加盟總部可以在訪談後確定可以擔任開校加盟主之後，給予這類型的未來加盟主完善的教育訓練與研修，在教育訓練與研修的過程中，也可以另外安排其他時間透過團討或個別約談的方式，讓這類型的未來加盟主在研修的過程中找出自己之前的經營或是從業人員工作過程中的問題，探討解決方案並做出適當的修正，這對於未來開設加盟分校時，便可以減少錯誤決策的發生。

(四)具教育熱誠的素人

其實這類型未來可能的加盟主，也是目前實務上冠傑教育集團所屬品牌加盟分校的主力加盟主。由於是素人，反而更可以放下身段歸零學習，加盟總部的同仁確實也會因為是素人而加強研修與教育訓練。如果在此研修過程中激發出好的化學變化，往往這類型加盟主衝勁十足，多了許多膽識而勇於嘗試，往往在後來實際經營加盟分校後的成果是不錯的。

五、讓產業未來走向國際化

時代在不斷地進步，生活的環境亦不斷地改變，地球村的時代因臺灣加入世界貿易組織（World Trade Organization, WTO）之後，接踵而來的市場開放、國際化或者全球化的趨勢，已經是無法阻擋的潮流且蔚然成風，企業在邁向國際化的同時，就是要持續地擴張市場規模，降低營運成本。而國際化最根本的出發點，就是要創造價值，降低成本。其實這也是經濟學最基本的供需原則，製造代表的是「供」，市場代表的是「需」，企業走向國際化，反映的就是供需之間的關係。而托教事業在企業化的經營之下，走向國際化也是必然的趨勢，其優點是：

1.可以尋找到新的跨國托教事業合作夥伴：透過跨國的合作，除了

開拓新的視野之外，國際上的新合作夥伴可以提供我們國內所沒有的教案、師資、產品、服務、通路等。

2.可以尋找到新的跨國托教事業較便宜的教育生產資源：在一些人工物料成本較低的國家，教學成本可以有效降低，而跨國托教事業在邁向全球化的企業過程中，由於在採購、生產、通路的建置各方面，會因為量大而產生規模經濟效應，也會進一步降低成本。

3.開發新的國際市場：藉由托教事業的國際化接觸新的國際市場、開發新的國外客源。也藉由國際化引進優秀的教學資源，提升原本托教事業體的競爭力。

4.個別地區國家搭配的綜效：在托教事業經營國際教學市場層面，必須避免對單一地區國家市場的依賴程度，應透過國際化的過程，將全球資源統一調配以降低成本，提高托教事業體的利潤。

當然托教事業在企業化的經營之下走向國際化，也會有缺點，畢竟企業國際化會因為地區國家的分散以及規模的擴大而產生新的經營議題，說明如下：

1.托教事業體工作項目的增加：托教事業在不同地區國家的據點，要同時面對不同的市場文化以及法律環境，而以托教事業體國際化之後，國際企業本來就會增加許多因為國際化而產生的工作項目，如經常性的國際匯兌、管理層級的增加及各地區國家據點間的搭配事宜等。

2.管理複雜程度因此增加：從托教事業體的供應鏈複雜化，地區國家間的各地法令差異，還有不同地區國家的文化適應，加上托教事業體外派制度的建立等，都會增加管理上的難度。

3.規模擴大造成組織遲鈍：隨著托教事業體的國際化，組織必定會擴大，市場規模也與之前只有國內市場時大不相同，由於管理階

層增加，在橫向及縱向的傳達上會有恐龍化的危機，造成組織管理與營運時的遲鈍。

4.托教事業體經營學習曲線拉長：托教事業體在還是單一市場時期，由於身處自己所屬的地區國家，比較可以迅速學習並調整出最佳的經營模式，但是在托教事業體邁向國際化的過程中，會因為不同地區國家之間交互影響因素的增加，而使托教事業體必須耗費較長的時間去尋找最佳的組織架構及價格策略等，導致經營學習曲線拉長。

在現在各國企業隨著組織擴大與地球村的概念下，都逐漸邁向國際化，而托教事業亦是如此。以臺灣而言，托教事業面臨國家教育政策的許多改變措施，諸如：學力測驗、九年一貫新課程、十二年國教、108課綱、電腦及英語納入國小課程實施等，許多項目也是參考國外實施經驗，所以托教事業邁向國際化也是必然。

六、經營者要有確立策略雄心及核心競爭力的遠見

業者應有將所經營的托教事業變成領導品牌的決心並確立所屬機構的策略雄心，策略雄心也代表公司經營團隊的企圖心，也因為直營連鎖，所以擁有高品質的師資群作為核心的競爭力後盾，輔以超過加盟連鎖業者的員工向心力，將組織管理的精神予以落實，配合績效評等制度的執行，也將此機構的策略雄心讓加盟單位感同身受，再透過分校間固定交流模式，如此便能達成。

第三節　策略方式

　　從理論上而言，「經營策略的方式」應具備三大內涵，一是決定組織共同方向與目標；二是設計實施計畫以完成組織目標；三是對經營策略實施結果進行監測，並對規劃流程做必要之調整（Black & Porter, 2000）。據此而言，組織經營策略之運作必須要有嚴謹的運作流程，否則將難以達成經營策略功能。以下以Black與Porter（2000）經營策略運作流程架構說明：

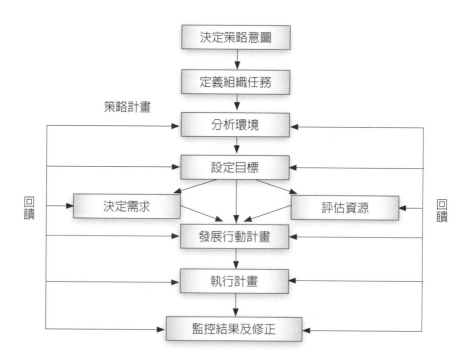

圖6-1　經營策略運作流程架構圖

資料來源：Black & Porter (2000). *Management: Meeting New Challenges*, p.197. Prentice-Hall, Inc. New Jersey.

一、決定策略意圖（determine strategic）

決定策略意圖其範圍可以調整，可大到決定整體組織之目的與任務中的一個構面，以之用來創造策略性議題；小則可為一個部門或專案來設立目標。以托教事業組織而言，如何界定托教事業體未來願景與目標才是關鍵所在，因此托教事業體組織方能設定目標，發展經營策略，並且集中資源採取行動，以進行績效管理。

二、定義組織任務（define organization mission）

組織任務的界定連結了組織的目的，往往跟組織的自我觀念、定位、主要產品與服務、對股東的責任或對員工的承諾有關，並以這些概念為基礎，提供更詳實之主張與作為，以支持組織主要目的的達成。因此，托教事業應選擇務實的客戶服務導向及人際關係行銷，來達成托教事業體組織經營策略之目標，例如各營業櫃台應提供專業、親切、及時的諮詢，落實顧客對教學、輔導、註冊、修繕、設備、事務等之服務。

三、分析環境（analyze environment）

一般企業對外在經營環境之評估皆利用「五力分析」（Porter five forces andysis）（Porter, 1980），就是競爭者與所屬產業的競爭特質、新加入者、替代品、客戶與供應商五項。運用五力分析之最主要目的，是要讓企業能客觀地瞭解本身在整個行業中的特定市場區隔，在定位時相關地困境或優勢程度。所以就托教事業而言，必須對托教事業體組織內外環境進行評估，瞭解本身的顧客來源及層面，評估顧客價值主張（value proposition）和顧客區隔，創新托教事業經營及服務特色，經由

這些分析、評估，來進行以下的程序——設定經營策略目標。

四、設定目標（set objectives）

設定經營策略目標，就是將組織的策略意圖與任務，轉化成具體可衡量之目標（concrete and measurable goals），在托教事業中，托教事業體組織經營策略是一個非常重要的階段，具有四項功能：

1.能適當的分配教育資源。
2.能增進對未來共同願景之認知。
3.能釐清老師間相關職責與工作範圍。
4.重視成效（results）。

五、組織內部之分析——需求與資源分析

當托教事業體組織經營策略發展至設定目標後，接著必須進行托教事業體的組織內部評估，此項程序與托教事業體組織的外在經營環境之檢視具同等重要性，對內部之評估一般有兩種不同之流程，即是招生需求（requirements）與教學資源（resources）的評估流程。

六、發展行動計畫

當托教事業體的組織已訂定目標，分析了內、外部競爭條件之後，托教事業體組織必須瞭解這些目標能否禁得起挑戰，而且這些目標要利用何種作為以形成永久的優勢，為了讓托教事業體組織的經營策略能維持長期之優勢，組織必須發展行動計畫，持續地進行革新，淘汰已不符合組織經營需求的優勢。例如冠傑教育集團的「龍騰常青」計畫即為一

例，將事業體優勢進一步推升。

七、策略執行與回饋

托教事業如果空有好的經營策略但卻缺乏執行力，則較之具有執行力的普通經營策略還要差。因此經營策略是否能被確實執行是策略管理最重要的一環（Black & Porter, 2000）。許多研究顯示，新的經營策略在大部分的企業如果無法如預期的推展，甚至比不實施還要糟。此種現象源自於新的觀念在舊組織架構下所產生的排擠現象，這也說明了新的策略必須建構在完整的新架構上，在新的組織架構執行新的經營策略時，應該謹守四項原則：

1.能充分且及時的交換教學資訊。
2.各行政部門的人員要能彼此信任，並隨時評估企業共有的核心價值。
3.獎勵的措施應該以團隊策略性績效為基礎，再搭配個別績效的獎勵。
4.要合乎知識經濟的管理精神。

托教事業體經營策略的最後階段是評鑑（evaluation）與回饋，當成果被檢視後，必須將重要的訊息反應與回饋，回到流程的各個階段，必要時能夠立即進行修正與檢討，此種持續性的回饋循環流程，才能讓組織對環境的變化擁有應對與適應的能力（翁福榮、廖春文，2005）。

第四節　策略轉變之因

一、策略之演進歷史

(一)1980年代：價值鏈與價值系統

　　1980年代的企業競爭主要圍繞在波特所提出的競爭優勢觀點，以下列兩大議題爲中心：

1. 企業競爭力（business competitive position in industry），企業在產業內的競爭地位。
2. 產業吸引力（industry attractiveness），產業持續獲利的能力（韓復華，2001）。

　　企業競爭的概念於1980至2000年之間有著急劇的變化。哈佛大學教授波特（Michael E. Porter）於1980至1985年陸續提出企業競爭策略與競爭優勢的完整理論架構。波特認爲，競爭優勢源自於價值鏈與價值系統，透過價值鏈中各種活動所創造並累積的價值，將可爲企業帶來利潤。

　　爲創造出價值，波特亦提出三項企業的基本競爭策略：成本領導、差異化、集中化。成本領導與差異化適用於全面性市場。成本領導是朝減低成本增進效率的方式進行，利用技術的領先與規模經濟來創造優勢；差異化則強調創造產品或品牌的獨特性，以與衆不同的形象與服務來獲取利潤。相較於前兩者，集中化策略的運用範圍則鎖定在特定的市場區隔，也就是針對某一年齡層、社會階層、地區或是特定族群的顧客

群作為一個利基（niche）的目標市場。在特定利基市場實際運用的基本策略，仍然是以成本領導或差異化為主軸。

(二)1990年代：供應鏈管理（Supply Chain Management, SCM）

到了1990年代時，供應鏈概念蓬勃發展，競爭的議題乃轉變為企業在供應鏈內的競爭地位及供應鏈整體的競爭力，其競爭的本質也有所改變（韓復華，2001）。

供應鏈延伸單一企業的價值鏈，考慮由原料供給、運儲、製造、配銷至客戶服務其間各參與者價值傳遞。整合物流、資訊流、金流等各種流程的供應鏈，除了考量企業本身的能力與活動外，對於外部環境及其他利害關係者的關係亦相當重視。波特在80年代對各種競爭壓力的來源提出「五力模式」，包括既有競爭者、客戶、潛在進入者、供應商及替代品。90年代「十倍速時代」的作者，前Intel總裁葛洛夫（Andy Grove）則增加「協力廠商」於五力之內而成為六力，把是否有良好的供應鏈合作關係納入為企業本身競爭力的因素之一。「五力」演變為「六力」亦可代表90年代由競爭演變為「競合」與「合競」的趨勢。

(三)千禧年代：全球化（Globalization）管理

西元2000年之後，由於通訊科技與資訊科技的進步，克服了距離的障礙，人們幾乎可以同步接觸到遠方的訊息，而擴大企業經營的領域，於是企業紛紛到海外開拓市場、尋找原料、尋找低廉的人力資源等，而掀起全球化的浪潮，帶動跨國企業或多國籍公司（Multi-National Corporation）的興起，與公司的購併風行。在資訊科技的蓬勃發展之下，環境的變化較以往快速，使得策略趨於簡單化，尤其是環境變動劇烈的資訊產業更是如此，為了可以即時掌握在迅速變化的環境中所崛起的機會，策略就是簡單的規則（Eisenhardt, 2001）。

新世紀新壓力下的策略方向，隨著時代的演進，新世紀中的企業除

了須面對傳統的五種競爭壓力外，新一波競爭壓力的挑戰亦是企業所必須正視與克服的問題。在這股新力量中，將包含全球化、數位化、解除管制所帶來的壓力與改變，但不管如何，顧客價值的掌握仍將是在新世紀中推動企業的首要工作，尤其是托教事業的經營核心在於以學生能力的提升爲導向，學生相關的需求服務更是托教事業體需要注意的顧客需求價值。

對於新壓力的挑戰，托教事業必須重新思考的新策略方向有以下幾點：

1.多邊價值的思考，也就是需滿足供應鏈中每一個環節的成員。
2.知識經濟的特性爲邊際效用遞增，越多使用者其價值會越高，因此托教事業要與所屬工作夥伴共同創造價值，共同分享價值。
3.全球資訊化之下，傳統的托教事業式微，取而代之的將是新的連鎖托教事業機構。
4.成本與差異化必須兼顧，破除過去「成本與差異化不可兼得」的說法，有效的利用資訊化及網路科技幫助托教事業體達成目標。
5.托教事業應結合速度（speed）與知識（knowledge）的策略，其目的有以下幾點：
　(1)在於降低成本、提升價值。
　(2)以更快速的決策以因應環境變化。
　(3)將個人教學及教案研發與托教事業體結合，在互利的基礎下擴大成托教事業的智慧資產。

二、策略創新之重要性

全球著名的策略趨勢大師大前研一博士應《天下雜誌》邀請，於民國95年4月底（2006/4）來臺發表一場題爲「未來創新的致勝關鍵～臺

灣的現狀與挑戰」的演說，他明確爲臺灣點出十個創新的做法。

(一)策略的自由度（the strategic degrees of freedom）

企業皆希望改善提供給顧客的商品與服務，但大前博士認爲最重要的是站在顧客的角度進行策略思考，顧客需要什麼？可以什麼方式提供這些商品或服務（意即大前博士在其著作《企業參謀》書中所提出的戰略的自由度）？最具成本效益提供顧客價值的做法爲何？以相機爲例：企業想的是「如何製造好的相機」，而消費者想要的是「如何拍出更好的照片」，他曾幫柯尼卡設計一款結合閃光燈的相機，以及自動對焦、自動調整光圈的設計，這可解決一般人拍照時閃光燈沒閃、按快門時晃動的問題，此即爲相機的創新做法。而托教事業可因爲顧客的需求思考開設相關輔助課程（例如：親師講座）來強化服務的需求策略即爲一例。

(二)套利（arbitrage）

套利不僅運用於金融領域，亦可運用於企業管理中。善用資訊缺口的優勢，超越現行的企業系統，提供較佳或較便宜的商品及服務。例如思科的虛擬企業及境外委外業務等做法，即是善用套利於企業經營中。而托教事業體可利用早上或下午教室空閒時段與異業合作，增加教室的使用率。

(三)新的組合（the new combination）

將既有的東西，重新組合成新產品和服務。此爲應用經濟學家熊彼得（Joseph A. Schumpeter）的觀點，例如：將時鐘、照相機及信用卡整合於手機中，即爲新組合的創新商品。在托教事業中，最常發生的就是課後照顧中心除了原有的安親輔導功能之外，將美語及才藝科目以套裝

的方式組合在課程中，豐富課後照顧中心的功能（惟若需如此執行必須像冠傑教育集團一般，同時選擇鄰近兩處地點，同時設班及立案課後照顧中心與補習班以符合法規）。

(四)最大化固定成本的邊際貢獻（maximize the marginal contribution to fixed cost）

此處的邊際貢獻為價格減去變動成本的部分，做法上有變動定價和即時定價。此種創新做法最常應用於飯店業、主題樂園及戲院，例如：電影剩下十五分鐘就要開演了，但票卻只賣出兩成，該怎麼辦呢？此時可運用近距離廣播（narrowcasting），在電影院鄰近周遭的鬧區中，強力放送「最新強片將於十五分鐘後開演，門票大特價，攜伴參加另有優惠」等宣傳措施，將剩餘的票售出。為什麼如此做呢？因為電影每一場的播放成本是固定的，此為增加獲利的做法。此法在托教事業體的招生中也經常使用。

(五)拓展數位疆土（expand the digital continent）

數位產業原為一座座的孤島，但這些孤島已逐漸聚合成巨大的大陸板塊。如手機可以成為汽車的鑰匙，也可與汽車、衛星定位系統與ETC電子收費系統等結合；個人電腦不再是過去所定義的功能，很多企業因此面臨了經營危機。所以托教事業必須思考一些問題，例如：托教事業可以看見這些新大陸嗎？可以找到在這個新大陸中的定位嗎？可以避免自己被孤立嗎？這種思維可以帶來新的想法，以更前瞻及宏觀的思維開創新的托教事業體。

(六)快轉式思考（fast forward）

在管理學中，我們知道規劃是管理流程之始，企業是否有能力做好規劃？預測未來是做好規劃的一項重要基礎。以日本山葉音樂學校

（Yahama）為例：其創辦人川上源一在日本仍很貧窮時，就預測未來日本會跟美國一樣富裕，富裕之後會想要玩音樂，因此，他看到未來的需求，創辦了山葉音樂學校，他讓學生家長用分期付款的方式，讓小孩四歲開始學鋼琴，並擁有鋼琴。大前博士運用此例子說明快轉式思考的價值，他要我們大家快轉式觀看未來五年後，行動電話是什麼樣子？家庭客廳的家電又會是什麼樣子？印度西岸會有什麼發展？會出現像新加坡的城市嗎？所以托教事業經營者是否該思考未來五年後托教事業最可能的經營模式有哪些呢？作者認為「元宇宙的教室」必定會成為未來托教事業體的教室。

(七)善用尚未被充分發揮效用的資產（utilize the underutilized）

舉例來說：i-mode是手機上網的行動服務，此創意是在東京麥肯錫資訊部門的美國青年所想出來的。手機當時可以處理封包技術，但卻沒人使用，大家只拿手機打電話，於是他就發明了i-mode，利用手機傳輸資料，NTT DoCoMo 的手機在演講當時（當時仍屬手機功能陽春時代）已可以使用電子郵件及網際網路功能。所以托教事業中，閒置教室的使用便是最可以用來充分發揮效用的資產之一。

(八)即時的線上個案（real-time online case study, or what-if?）

哈佛商學院的MBA個案教學舉世聞名，但大前博士認為現在泰半的個案皆已過時。由於全球商業環境變化快速，有些個案中的企業不是已經被併消失，就是破產關閉，或是已變更經營方式，不再是個案文獻中所描述的商業狀況。因此，最好的個案研究是採用即時的線上個案，讓同學在線上就目前活生生的企業作案例研究。就托教事業經營者而言，試想自己是該托教事業的班主任或園長，針對目前遭遇「新冠肺炎疫情」導致學生無法到班上課的問題，若身為經營者該如何運作呢？透過這樣的訓練，可以培養日後擔任班主任或園長的能力。

(九)思考「這代表什麼意思呢？」（what does this all mean？）

建議大家能將片段的現象和觀察加以整合，在繁多的現象觀察中，停下腳步詢問自己「這些代表什麼意思呢？」就如同托教事業經營者透過觀察學生詢問數學老師問題時，可以反過來詢問自己「學生為什麼會聽不懂這題數學呢？」如此一來，托教事業經營者將可以看到較為宏觀的事情全貌，得到一個全新的處理方法，這也是大前博士經常自我詢問的問題。

(十)構想力（Kousou ryoku）

構想是凌駕於概念、願景、策略與企業計畫之上的一種做法，它是從個人的心智中產生。二十世紀以前舊經濟中的利率、貨幣供給、需求、供給、就業等是看得見的，摸得著的；但進入網路經濟或無疆界經濟後，許多經濟活動例如避險基金、選擇權等新金融商品，它們是看不見的。因此，只有那些很有構想力的人，才能掌握這些看不見、摸不著的東西，一探這個新經濟的真相，掌握商機，創造獲利。而托教事業經營者能否找到未來托教事業的發展方向並提早進入該領域拓荒也是構想力的實現（大前研一，2006）。

三、托教事業之策略思維

近年來，托教事業受到少子化的衝擊，這幾年來對於人口結構的研究也是托教事業經營者必須去面對的課題，1960年代，所有的主要工業化國家中，每一位六十五歲以上的依賴人口，平均有十六個勞動人口的福利支持。但是在三十年後，當所謂的戰後嬰兒潮世代（1945-1964）的年齡在六十六至八十五歲時，這個支持人口比例將會從16比1快速降

到2比1左右。根據經建會2000年的統計，我國的生產者與退休者之比例，將在2025年時降至3.8比1。相對的，原來二十歲以下的就學主力人口也將從1995年的33.4%縮成為20.5%（見**表6-1**）。

此一人口老化趨勢，對於教育體系的挑戰是多層次的，而且是互相關聯的。首先，國中、小學的就學人口明顯減少，從75學年度開始，國小的就學人數在十年內減少了近四十五萬人，很自然的在後續的中學部分，也反映了學生人數減少的後嬰兒潮效應，有學者就很傳神的將此一人口波動趨勢形容為「蛇吞豬」（pig in a snake）的景象。但是在此同一時期也呈現出大批教師的退休潮，再加上教學多元、精緻化的小班教學要求，新教師人數的需求也出現了短期供給上的斷層。托教事業體也無法避免這個趨勢所帶來的師資缺乏影響。

從1980年代開始，經濟結構開始快速轉變後，雖然還看不到新經濟，或可先稱之為知識經濟的明顯走向，但可以確定的是這一場持續的經濟革命，將不再只強調一個人學到什麼樣的專業知識，而是將更重視在學習過程中建立的人際關係網絡，即所謂的社會資本。托教事業當然

表6-1　人口老化之國際比較　　　　　　　　　　　　單位：%，年

國別	1995			2025			10%上升20%所需經歷的年數
	年齡結構		生產者與退休者之比	年齡結構		生產者與退休者之比	
	20～64	65＋		20～64	65＋		
中華民國	59.1	7.5	7.9：1	63.0	16.5	3.8：1	21 [2010－2031]
日本	62.7	14.5	4.3：1	55.4	27.4	2.0：1	24 [1985－2009]
芬蘭	60.4	14.2	4.3：1	56.0	24.5	2.3：1	48 [1973－2021]
荷蘭	62.5	13.2	4.7：1	58.4	23.2	2.5：1	52 [1968－2020]
瑞士	62.5	14.6	4.3：1	58.0	23.4	2.5：1	54 [1958－2012]
德國	63.3	15.3	4.1：1	58.8	23.2	2.5：1	56 [1954－2010]
丹麥	61.2	15.3	4.0：1	57.6	23.0	2.5：1	61 [1956－2017]
瑞典	58.0	17.5	3.0：1	57.6	22.4	2.6：1	85 [1929－2014]

資料來源：經建會（2000），國民年金制度規劃工作小組，民國89年9月

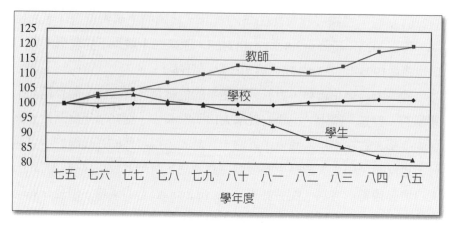

圖6-2　教育發展概況（七十五學年＝100％）

資料來源：教育部統計處，重要教育統計指標

也很難自外於這股關係連結的資源網路外。這些關係包含了與同業間的競合、教材供應商、學生來源、研發人員的教案輸出、產官學專家政策發表，以及家長和學校間的合作等，基本上這是一個顛覆傳統教育市場模式的時代。

專業化教育不再是一項優勢，通才與跨領域教育漸漸受到重視，因為新組織需要具有高度適應力的人才，擁有多項專才，更要有寬廣的全球視野（Handy, 1998）。在全球首次面臨到第三波的資訊革命之際，為了能夠在國際競爭中脫穎而出，各國的教育改革皆加重課程的質量與深度。因此各種的考試、能力測驗、專職認定考試成為檢驗能力的一道很高的門檻，產生了另類的社會達爾文主義——只有通過測驗者才能出頭。這種方法雖被稱為「公平競爭」，然而卻也是另類的壟斷，而且在整個社會所有人都目標一致的情境下，一旦遭逢下一波的新經濟、社會結構轉變的挑戰時，我們又得重頭再來過一次長期的「震盪—修正—適應—穩定」的歷史循環中，我們真的需要開始與共同營造多元教育的教育體系拉扯並創新，而非一昧地深陷教育被動的推力體系中。而托教事

業在這波風潮中便有了市場的著力點與切入點，找到新的市場。

在這一個自主而且相當個人化的學習過程中，將有助我們的社會跳脫出傳統的累積式學習方法產生出來的固定模式。自主與個人化的學習特點包含：

1.由學生自己設計學習內涵，而且對自己的學習成果負責。以成就取代成績的評量方式，讓學生能真正瞭解，而且嘗試自己主導學習。

2.必須跳脫出教育制度設計的統一限制，也就是解放我們對於年籍、就學年齡以及程度分班等教學迷思。沒有理由限制八歲的學生一定得讀二年級，且不能選讀他喜歡的生物（因規定十三歲以後才能開始的課程），或者四歲的孩子不可以先學現行國小的數學。換句話說，以年級或年齡來區別學習階段，相當程度是仍持有過去心態的成人，強加給未來世代的學習成長限制。

3.學生同時必須具備團隊學習能力，在一個強調自我組織、學習、定位、發展的自主歷程中，團隊成員彼此間可說是很好的相互學習對象。教師、家長、行政人員等並不會在此學習變革過程中消失，而是學習彼此互相溝通和傾聽，直到彼此的角色界定模糊化，再也不用以角色來定義「教」與「學」的權力關係。

4.這是一個重視過程而非只看結果的方式。每一種學習項目或每一個人都不需要同步，學生獨立定義自己的學習近程——短期的可能性（週）；中期的能力確認（月）；以及長遠希望的未來願景（畢業以及超越）。尋求多元的學習管道以及成就目標，經由與學習團隊中的重要他人諮詢，並協商好方式與近程後，依約定而有彈性的負責學習。在網際網路式的情境中，培養具有全球與未來視野的獨特人才（陳國華，2003）。

就托教事業而言，網路學習機構的開始，讓學生有自主學習選擇補

習方式的模式，托教事業體的家數已經因為網際網路的發達而不再是唯一判斷托教事業規模大小之依據，這已經是事實。再者，影響學生是否需要補習的因素有以下幾點：

1.文化（社會階層、次文化）。
2.社會（參考群體、家庭、角色與地位）。
3.個人（年齡、職業和經濟狀況、教育程度、補習班的類別）。
4.心理（動機、信念）。

以上各種因素，也不能直接就和「升學壓力」劃上等號，這是長期以來，許多人對托教事業的誤解。而資訊科技的迅速發展打破了口傳心授的單一學習方式，學習的地點也不再只受限於校園的圍牆之中，網際網路的快速推展也加速了學習者由被動的「受」，到主動的「學」的機制轉換。教學媒體也由單一的書本閱讀，加入了有聲書、電子書、教學光碟及線上學習教學等。簡單的說，把學校隨身攜帶的概念已經是趨於真實，而托教事業也必須體認這個趨勢，已經有業者推出電子書包即為一例。

青少年兒童福利機構
之危機管理

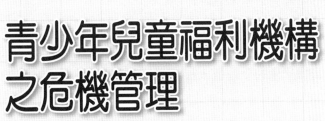

- 危機管理論述
- 經營危機發生前的預警
- 經營危機發生後的善後處置
- 如何化危機為轉機

第一節　危機管理論述

　　事業的經營過程中，有高潮也有低潮。危機的發生，往往就在一瞬間，這是所有企業負責人及高階主管都必須審慎面對的課題。在這當中心情的無奈轉折，只有當事人最清楚，危機真正的原因歸根究柢，還是決策者。策略的錯誤，通常也是決策者在思考的過程中欠缺了過往的反省，以至於一錯再錯。

　　青少年兒童福利機構在經營的過程中一旦發生危機，所帶來的影響可能不是像其他產業企業所造成的方向，其影響所及除了機構負責人及所屬老師未來生計的基本經濟考量之外，對於機構內這群國家未來主人翁的孩子們，造成學習過程的中斷、課程銜接上的困難、親師關係的破裂、轉換學習環境的適應等，這是牽涉到孩子學習成長的問題、心智與人格發展的阻礙與對未來適應的不安感。

　　所以事業的經營都必然會有危機的時刻，而教育業類型尤其是青少年兒童福利機構來說特別嚴峻，關鍵在於青少年兒童福利機構的經營危機會直接影響學生的受教權，茲事體大。茲就常見的危機經營類型論述如下：

一、人事危機

　　青少年兒童福利機構舉凡幼兒園優秀教師突然離職、課後照顧中心教保員體罰事件、補習班開發人員發生跳槽事件等，任何一個人事所造成的機構營運危機都是非常巨大的。就以體罰事件來說，對孩子身心的影響，需要很久的時間才能平復，若導致法律事件，對師生兩方的煎熬更是不可言喻，而且就我國法律而言，雖然老師和學生在刑法中雖然是

歸屬於有監督和服從的關係，但是老師並無體罰學生的權利，所以老師體罰學生，縱使有正當的理由，方式上也未過當，但是仍然會構成傷害之罪責，所以老師在體罰學生的時候，應該提醒自己體罰是會構成刑法上的傷害罪，即使有許多實際案例上，肇因於家長事先是同意或是請求老師體罰自己的小孩，在國民中學的「學生獎懲辦法」第2條之規定，懲罰僅限於以下幾種方式：

1.訓誡。
2.警告。
3.記小過。
4.記大過。
5.特別懲罰：
　(1)來由家長帶回管教。
　(2)改變環境等方式。

所以從以上論述看來，我國的法律規定，僅能由父母親帶回管教，老師是無權體罰的。

二、財務危機

青少年兒童福利機構最大的危機之一就是財務危機，舉補習班為例，近年來每年原有立案補習班倒閉的家數，已經超過新設立案補習班的家數，為什麼曾經是人人稱羨又穩定的教育行業演變至今？說明如下：

1.長年少子化的影響，造成補習班學生來源的銳減。
2.由於大學與高中職的廣泛設立，學子們已經沒有考不上高中職或是大學的升學問題了，降低了補習的需求。

3.隨著臺灣經濟的起飛轉型，家長收入提高後，有了補習班以外的其他選擇，例如：家教。

4.同業補習班之間的惡性競爭，競相殺低補習學費換取學生來班上課，賠本經營，這樣可以撐多久呢？

5.國家教育政策持續在改變，讓家長與學生於適應的過程中若是造成不適應的狀況，索性直接就讀私立學校（私立學校多採用十二年甚至十五年一貫學習模式）取代補習班。

6.補習班不佳的形象問題，由於招生方式花樣百出，行銷人員拉學生人頭狂打電話招生不斷等，造成家長對補習班的印象不良，導致家長不想將孩子送進補習班。

　　以上原因造成補習班學生越來越少，加上同業間的不當行為，當然財務危機就頻傳了。

三、突發性事件危機

　　企業發生危機有許多是因為突發性事件危機造成，在青少年兒童福利機構中也是如此，舉幼兒園為例，如果發生幼兒園老師虐待幼兒案例，加上新聞媒體大肆報導，這樣的幼兒園是非常可能發生倒閉危機的。所以曾經有幼兒園因為兒虐案，加上老師也沒有幼教證照，所以等於是該園任用無證照人員從事幼兒園的幼保工作，加上施虐幼兒，情節重大。最後市府教育局針對施虐教師懲處終生不得從事教保工作，並依《幼兒教育及照顧法》之規定，處罰該幼兒園停止招生一年，加重裁處罰鍰，並解除負責人或是園長契約。

　　發生如此重大的突發性事件危機，任何園所一定反應不及，所以身為經營者應正視危機防範於未然的重要性。

四、策略錯誤危機

　　策略錯誤的始因在於人，任何企業都無法不犯策略錯誤，尤其是經營者所犯的策略錯誤最為嚴重，青少年兒童福利機構也不例外，機構的負責人在經營的策略上若是一昧地為了迎合社會上流行的經營方式，每一樣都做，最後一定會變成一個四不像的青少年兒童福利機構。

　　有個小故事更能傳神地道出個中由來：「有一家非常有特色又好吃的麻醬麵麵店老闆，有天顧客吃了一陣子麻醬麵之後，突然問老闆說：『你們有賣炒飯嗎？』，麵店老闆為了迎合顧客的需要，雖然沒有賣炒飯還是做了炒飯給顧客吃。後來接續有顧客繼續希望老闆賣水餃、炸排骨等原先麻醬麵麵店老闆根本沒有賣的餐點，老闆為了滿足顧客需要都一應俱全，後來整家麵店已經變成一家完全沒有特色的店家，導致生意下滑。」

　　從上述的小故事，以策略的角度切入看來，從原本一家有特色又好吃的麻醬麵店，老闆因為擴大了麵店原本的營業項目，導致失去原先該店最重要的差異化策略——有特色又好吃的麻醬麵店，老闆也因為餐點備料的複雜度增加太多，造成食材的過期報廢也增加許多，整家店已經淪為雜貨行式而沒有特色的麵店，生意下滑是必然的。所以青少年兒童福利機構在機構特色上的差異化策略非常重要，如果未有專精的特色教學模式，流於大鍋炒的大雜燴課程，沒有青少年兒童福利機構的教學重心與目標，經營危機必然發生。

第二節　經營危機發生前的預警

　　青少年兒童福利機構相對於其他事業而言，避免經營危機的發生尤其重要，畢竟是牽涉到學生受教權的問題。作者認為青少年兒童福利機構較其他企業在危機發生前的預警更需要探討，這對孩子的一生影響可大可小，本書從以下幾個原因探討：

一、學生人數呈現負成長曲線

　　當青少年兒童福利機構學生人數呈現長期停滯或是負成長式的下滑，不外乎以下幾個面向：

1. 學習環境變差，導致學生轉換環境到別的青少年兒童福利機構學習。
2. 花大筆行銷的廣告試圖讓新進學生替代流失的學生，但是殊不知關鍵是在青少年兒童福利機構本身，搞錯方向。
3. 青少年兒童福利機構老師及工作人員變動過於激烈也會導致學生流失。
4. 對該青少年兒童福利機構的信賴度下滑。
5. 仗勢自己是大型連鎖的青少年兒童福利機構而以不實的教學、行銷、管理等內容欺騙消費者。
6. 大型連鎖青少年兒童福利機構對於加盟校系有大小眼之分別，導致資源分配不公的問題，造成分校間明明是同一品牌卻是不同的服務內容與品質，如此一定會造成學生因服務內容與品質的不同而流失。
7. 經營的細節疏忽導致。

8.惡性競爭對手機構搶學生，而且順利搶走。

9.其他問題，例如青少年兒童福利機構的經營誠信、做事推拖等不
　當情事導致學生流失。

二、學費收入的下滑

　　青少年兒童福利機構的學費收入持續性下滑，就是警訊，許多青少
年兒童福利機構經營者會以少子化的原因來安慰自己，其實教育事業相
對於其他產業來說反而是一個避險的行業，有關學費收入持續性下滑，
不外乎以下幾個面向：

1.經營市場的變動，舉補習班的例子來說，在剛推行十二年國教
　時，學生覺得不用再考高中了，導致學生補習率下降。

2.金融機構的限縮政策，無法在青少年兒童福利機構發展過程有資
　金需求時提供持續性貸款，因此無法開發新學生來源，導致學費
　收入不振。

3.青少年兒童福利機構的經營上無法持續精進與創新，導致不管是
　教材、師資研修等皆落後其他同業，學費收入變少是可預期的。

4.青少年兒童福利機構在學費定價上的不合理措施。

5.大型連鎖青少年兒童福利機構的所屬分校，明明都是同一個品牌
　分校卻有不同的服務內容與品質，比較差的服務內容與品質的分
　校學費收入一定會因此下滑。

6.青少年兒童福利機構的主要營業項目學費收入下降。

7.青少年兒童福利機構的積極性不夠。

8.青少年兒童福利機構的老師與工作人員的培訓機制不夠。

9.其他問題，例如青少年兒童福利機構的環境老舊、髒亂等因素。

三、國家社會問題

此面向的關鍵就是國家經濟的不景氣，尤其是遇到全球性的經濟緊縮，導致國內企業因為經營不善而倒閉或是歇業、房地產下滑、股市疲弱不振、投機性投資充斥等，這些情形演變到一定的程度，教育產業也會相對受到波及。而青少年兒童福利機構在國內整體經濟不景氣的氛圍下，一定要有相對預警性的節流，避免造成無法挽救的後果。

第三節　經營危機發生後的善後處置

當我們努力在經營危機發生前做了相關的預警性措施，也努力預防，無奈還是發生的時候，這時候要成為一位成功的青少年兒童福利機構經營者，必定不會自怨自艾，秉持著「成功者找方法，失敗者找藉口」的哲學，做最完善的善後處置，這也是考驗每位青少年兒童福利機構的經營者或是高階主管最重要的一個門檻。

上一節作者提到學生人數呈現負成長曲線、學費收入的下滑、國家社會問題三個預警面向，當青少年兒童福利機構經營危機發生後，作者建議以下幾個處置方向：

一、如何招收學生？

當青少年兒童福利機構經營危機發生後，如何翻轉營收的最直接做法便是努力再招收學生。但是這個說起來是很簡單，執行起來卻是不簡單的事，如何做呢？

作者認為應該先聚焦在流失的學生與家長。

　　原因在於流失的學生是曾經在該青少年兒童福利機構中上過課的人，當初為什麼會離開一定有許多的原因，這個部分在本章節先不探討，作者探討的重點在於離開的學生除非是上課的過程中曾經有過無法抹滅的因素，導致離開這個青少年兒童福利機構，一般說來，只要不是無法解決的原因，對原有青少年兒童福利機構一定會有過去的學習情感與環境的適應感，而且原先流失的學生相對熟悉原先上過課的青少年兒童福利機構，站在機構的角度，不用再重新建立品牌的認知，對於上課的內容、師資與環境上也應該已經瞭解，比起招收新學生節省了廣宣與行銷成本。

　　學生與家長是一體的，不過也有些可能不是，這部分是心理層面的問題，本章節也不探討，作者探討的重點在於家長是否能重回對原先孩子所上過的青少年兒童福利機構的信賴，這部分最重要的就是「誠懇有溫度的服務」。

二、如何恢復營收？

　　營收的恢復對於危機發生後的處置也是最重要的一項課題，畢竟青少年兒童福利機構在經營危機發生後如何翻轉的最快方式就是營收的恢復，所以才有「一績治百病」的雙關語，一績的「績」就是指業績和營收。營收如何恢復，從以下兩個方向論述：

(一)自力方向

1.透過舊生和流失學生資料的整理，將流失的學生重新找回來。由於舊生和流失學生若不是因為重大原因無法再回來原先的青少年兒童福利機構，一般說來由於對於環境的熟悉度、老師教法的適應也比較快等原因，只要透過良好的溝通，舊生和流失學生的回流是相對容易的方式。

2.透過目前仍在班內的學生介紹同學或是親朋好友等方式，增加新
進學生。同儕關係也是共伴學習最好的管道，一起學習並相互鼓
勵，往往帶來學習慾望的提升，是開啓學習動力開關最好的方式
之一。

3.在這段努力恢復營收的過程，青少年兒童福利機構的內部提升也
是非常重要的，透過研修提升老師的能力，並利用集體會議共同
思考問題，找出突破性的解決方案，另外持續提升青少年兒童福
利機構員工的專業知識，調整機構未來的發展方向。決策者並於
這段期間痛定思痛，改變管理方式、營運方向、廣宣內容與經營
方法的創新等，才是危機解決之道。

(二)外力方向

1.引進外部投資或是合作，這是在自力方向執行的過程中，若沒有
顯著的改善，改採外力的方向，透過具有優秀營運經驗的其他團
隊來合作，並一起經營發生經營危機的青少年兒童福利機構。合
作的過程中也可能在資金上由合作方或是新的經營團隊投入部分
資金與教學資源，這些合作方式最重要的關鍵因素就是要找出雙
贏的策略，兩方共好的基礎下才能成功。

2.加盟有信譽的品牌，讓原有的青少年兒童福利機構再起，也是一
個不錯的方案，而且速度也是最快。惟青少年兒童福利機構在發
生經營危機時，往往也是資金捉襟見肘的時刻，這時候就是考驗
原先的青少年兒童福利機構是否有機構預備資金的機制或是良好
的金融機構信用了，如果有預備資金，在決定朝向加盟品牌的方
向時，就能立刻派上用場，即使沒有充足的預備資金，良好的金
融機構信用關係也能透過融資方式先取得資金，如此一來機構就
能順利的執行加盟有信譽的品牌機構，完成轉型原有青少年兒童
福利機構的策略。

3.制定新的課程與教案，打一場對內對外的廣告文宣，透過招生廣
　宣擴大新生的來源，由於新的課程與教案若能對學生學習動力的
　提升有顯著的幫助，家長與學生在看過耳目一新的教學內容，並
　透過行政人員的說明，認同機構的教學理念，必定有機會順利招
　收一批新的學生作為青少年兒童福利機構的新生，帶動機構的重
　生。

第四節　如何化危機爲轉機

　　所有企業在經營的過程當中不可能都是一帆風順的，有些是來自
外部的原因，例如我國歷年來經濟曾受到石油危機、臺海危機、金融風
暴、解放軍軍演危機等，這些因素都是來自外部的危機導致國內經濟危
機，而青少年兒童福利機構在這些國家級危機時，雖然並非第一線的危
機機構，但是隨著學生家長的經濟面影響，最後一定會影響到教育產
業，因爲學生學習學費的繳交來自家長，家長在經濟面受到波及時，無
奈之下減少孩子教育的經費也是不得已的措施。

　　青少年兒童福利機構在機構發生危機時，如何化危機爲轉機，作者
提出以下幾種建議方案供讀者參考：

一、青少年兒童福利機構負責人的意志

　　負責人的意志是很重要的關鍵，因爲它關乎企業的存續。如何在青
少年兒童福利機構發生危機時，穩定機構的營運方向，堅持當初創立機
構的初衷，找出危機發生的原因，妥善分配專業的分工，讓機構同仁適
得其所，發揮所長，透過多元的會議討論，找出問題對症下藥，帶領機
構的團隊們發揮正向能量迎接挑戰，也要以身作則持續地學習、創新、

青少年兒童福利機構之經營與管理

思考未來，為機構找到發展的定位與出路。

二、青少年兒童福利機構的傳承

　　本書此處所提到的傳承，並非探討第二代接班負責人的概念，而是探討在青少年兒童福利機構處理危機的過程當中，應該強化機構內的品質提升，舉凡行政、教學、財務、資訊、總務、行銷、開發、營運等業務的傳承，應該建立一套標準的SOP，而不要只依賴用師徒制方式傳承，師徒制方式可以用，要用在標準的SOP下的指導才有意義，而且機構標準的SOP要與時俱進，根據社會發展狀況調整，因為教育行業在永續經營的角度來說，是重要的核心價值之一，所有機構都應該審慎思考這件事，尤其在經營危機處理的過程中，重新檢視機構的內部並予以調整，才能真正地找出問題解決危機。茲就青少年兒童福利機構的業務傳承逐項說明：

　　1.行政：
　　　(1)櫃檯實務。
　　　(2)公共安全講習。
　　　(3)消防安全演練。
　　　(4)課程諮詢與說明。
　　　(5)環境整潔。
　　　(6)學生出缺勤記錄方式。
　　　(7)其他有關青少年兒童福利機構行政之補充。
　　2.教學：
　　　(1)老師的定期教育訓練。
　　　(2)上課教學備課方式。
　　　(3)教學後的課後檢討機制。

(4)學年會議的執行。

(5)處理教學與行政工作的類型分類。

(6)電話訪談與家庭訪問的執行方式。

(7)與學生自然的互動與記錄。

(8)發掘學生的專長與較弱科目的輔導方案。

(9)教師進修。

(10)教學相關文件的建檔方式與其他補充事項。

3.財務：

(1)開單收費模式。

(2)收支記錄模式。

(3)財務報表類型。

(4)營運財務報表分析方式。

(5)便利化繳費系統的建置。

(6)青少年兒童福利機構會計制度與流程的建立模型。

(7)青少年兒童福利機構稅務。

(8)其他相關財務法規及辦法。

4.資訊管理系統：

(1)青少年兒童福利機構的資訊設備管理方式。

(2)青少年兒童福利機構學生出席與缺席管理。

(3)青少年兒童福利機構學生資料管理系統。

(4)教師與行政人員出缺勤值班管理方式。

(5)自動計算青少年兒童福利機構薪資方式。

(6)學費超商繳學費、手機APP繳學費及銀行轉帳繳費方式。

(7)單發、群發簡訊通知家長及學生的管理系統。

(8)自動化管理系統針對青少年兒童福利機構的日常行政工作、編
排課程時間表、學費發票及收據等管理系統方式。

5.總務（後勤單位）：

(1)教學及行政工作所需的設備與物品支援方式。

(2)青少年兒童福利機構舉辦活動的後勤支援方式。

(3)公文的收發、登錄與保密級等規劃方式。

(4)環境美化與維護工作。

(5)青少年兒童福利機構的設備的採購與核銷。

(6)有設置警衛的青少年兒童福利機構管理方式。

(7)其他總務相關事項補充。

6.行銷（含廣宣）：

(1)廣告文宣的招生方式。

(2)電話、簡訊、郵件等行銷方式。

(3)在班學生介紹方案。

(4)建立家長口碑的方式。

(5)透過網路媒體的行銷方案。

(6)大型連鎖加盟的青少年兒童福利機構其加盟方式的行銷。

(7)其他行銷相關方案。

7.開發：

(1)學生的開發方式模型。

(2)青少年兒童福利機構人才的開發方式模型。

(3)大型連鎖青少年兒童福利機構的加盟校開發方式模型。

8.營運：

(1)有關青少年兒童福利機構的市場定位方式（首先要定位是托嬰中心、幼兒園、課後照顧中心或是補習班，再定位教學科目、多元方案、安親課輔、是否專攻國高中市場等）在經營危機處理時的思考。

(2)自有品牌、與有經驗的青少年兒童福利機構合作還是加盟有口碑的機構方式的選擇。

(3)青少年兒童福利機構的規模大小定位思考。

(4)青少年兒童福利機構地點是否需要調整？

(5)與鄰近的同業營運是否具備足夠的差異化課程，保持競爭的優勢方案。

(6)搭配行銷與開發部門的招生方案執行，並且制定短期、中期、長期的營運目標及實際執行做法。

(7)有關高階主管、老師與行政人員的招聘，制定管理方式與目標，同仁的福利、獎懲的方案、高階主管和老師與行政人員的薪資職等。

(8)營運方式的資訊化。

(9)營造青少年兒童福利機構老師與行政人員有共同的營運理念，透過團討開發創新的教案模式，也要彼此分工合作，結合課程創新與引進鄰近社區環境資源。

(10)重塑青少年兒童福利機構團隊合作的形象，尤其在經營危機處理的過程中，員工向心力的考驗正在此時，機構是否能重拾學生及家長的信心，是轉型成功的關鍵。

三、青少年兒童福利機構的危機入市

危機入市這個名詞最常被用在股市投資的方面，做法就是買入價值被嚴重低估的股票，作者在本書中以青少年兒童福利機構的危機入市為題探討，其出發點就是在經濟的循環當中，一定有高峰期與低潮期，如何在經濟的低潮期，或是某個產業的經濟低潮時，例如建築業房屋滯銷、景氣不佳時熱門店鋪的出售或是出租空出等。

對於青少年兒童福利機構而言，若是該機構體質良好，人才也養成已久，學生人數也持續成長，又有預備開設新校的準備金，在這種景氣不好、經濟發生危機的時刻，機構的經營者正是可以好好評估是否藉此機會購置自有班舍，讓學生上課的地點安定；或是乘機入主空出的熱門

出租店鋪，在好的商圈地點成立新的青少年兒童福利機構，這些都是青少年兒童福利機構的危機入市典範。

以下針對青少年兒童福利機構的危機入市時機，按照機構的能力分析如下：

1. 良好的機構體質：作者認為青少年兒童福利機構的危機入市，最重要的就是該機構本身的人事體質，從負責人經營者、高階主管、授課教師、行政人員等重要人事的整體水平一定要夠強。尤其是負責人經營者是否具備宏觀的視野，廣納人才並強化各級幹部的能力，再加上員工的集體向心力，更是青少年兒童福利機構是否可以危機入市的重要輔助。如此才有可能在機構決定是否購置自有班舍或是入主空出的熱門出租店鋪時，得以安心地執行新校的開設。

2. 人才養成已久：一個優質的青少年兒童福利機構，通常都有非常低的離職率，由於機構的員工福利好、升遷有制度、年終獎金穩定發放、具備員工認股與分紅制度、注重員工休閒與活動、績效福利與旅遊獎勵補貼等都是機構可以留住人才的因素。而青少年兒童福利機構從業人員大多有教育產業的工作道德，加上工作的環境也比較單純，只要建立機構的良好福利，相對於其他產業更有機會留住人才。如此一來在青少年兒童福利機構選擇危機入市開設新校時，機構人才的板凳深度就夠高了。

3. 青少年兒童福利機構的學生人數正成長：教育產業的收入來源當然是以來班上課的學生學費為主力，其次是販售相關教材、輔助教具等商品。青少年兒童福利機構也不例外，如果是一個學生人數負成長的機構，即使有非常好的危機入市時機，恐怕也不敢投入。所以學生人數就成為一個判斷青少年兒童福利機構是否危機入市的重要指標了。如果機構學生已經長年的正成長，在投入新校開設時，也會格外有信心，要知道任何的新校開設，沒有員工

集體的信心是很難成功的。

4.預備開設新校的準備金：巧婦難爲無米之炊，如果青少年兒童福
　利機構已經具備上述的良好的機構體質、人才養成已久、學生人
　數正成長等因素，但是機構平日沒有儲備預備開設新校的準備
　金，或是沒有良好的金融機構信用可以融資，也是無法在危機入
　市的時機點開設新校。所以資金可否在開設新校前順利到位也是
　青少年兒童福利機構是否可以危機入市的門檻之一。預備開設新
　校的準備金，作者建議可以比照年終獎金按月提列的方式，制定
　機構按月提列未來開設新校的準備金帳戶，有計畫地執行開設新
　校準備金的制度，才是穩健的做法。

　　章節最後，作者想要補充一個青少年兒童福利機構危機管理理論的
前期觀念，就是「機構的減法哲學」。

　　機構究竟在何時該做組織的減法，見仁見智，作者認爲機構的減法
哲學成功關鍵在於「丟棄捨不得」，可以大膽的說，幾乎所有的青少年
兒童福利機構負責人經營者，在發現機構危機時，最不想做的事就是組
織的減法，因爲對於機構負責人經營者來說，機構的每一個組織、每一
個部門、每一個分校等，要割捨哪一塊？對於負責人經營者來說，都不
想割捨，因爲手心手背都是肉，都是負責人經營者一點一滴創建而來，
往往對於機構的組織、部門、分校都是感情的因素大於理性的因素，通
常在危機初期，都是先把盈餘的組織、部門與分校的利潤先去支援經營
不佳的虧損組織、部門與分校，後來這些虧損單位沒能止住虧損，甚至
虧損擴大，導致盈餘的單位利潤全部賠了進去，惡性循環，終至機構無
法挽回的餘地。

　　作者分享一些個人淺見，將青少年兒童福利機構減法哲學的實施要
領論述如下：

　　1.先從最不需要的單位下手：在虧損的青少年兒童福利機構單位

中，選擇最不需要的單位予以裁撤，何謂最不需要的單位？這部分也是見仁見智，作者認為當然就是負責人經營者可以自己做就好的單位。

2.合併較小的單位：有些單位的工作已經很少甚至沒有工作了，舉例補習班來說，美語高階班已經學生很少甚至沒有學生的時候，應該取消這個班級單位，若是還有一兩位上課的學生，就該與家長溝通轉到個別指導班去上課。將較小或是沒有學生的工作單位合併是最快速的做法，當然身為教育產業，任何的合併措施都不能影響到教學的品質。

3.全力發展成功的單位：在青少年兒童福利機構危機發生時，通常不會所有的單位都是虧損，這個時候機構的負責人經營者應該審視機構內的所有組織、部門與分校，整理出較優的尚存成功單位，賦予幹部與老師資源，全力發展該成功單位，透過成功單位的帶動下，讓機構有翻轉的機會，這時因為也搭配其他單位的減法措施，如此一來是很有機會度過危機難關的。

青少年兒童福利機構的新
托教事業連鎖經營模型

- 結論
- 實務上運作之可能性與具體建議
- 新托教事業連鎖經營模型

　　本章共分為三節：第一節說明本書結論；第二節探討實務上運作之可能性與具體建議；第三節為作者提出青少年兒童福利機構的新托教事業連鎖經營模型作為本書提案，藉此為連鎖托教事業找到下一代經營模式。並於附錄中載明幼托整合規劃結論報告書草案簡明版（目的是透過本草案讓讀者瞭解幼托整合的歷史）、無障礙的托育環境專文（目的是期待讀者對無障礙托育環境所應有之尊重）及夢想的傳承（目的是希望讓讀者看到一個教育機構品牌從無到有的起心動念）。總結為了作者也同是身為托教事業經營者之餘，著書立論並且善盡勿忘從事教育工作之初衷的企業社會責任。

第一節　結論

　　在競爭激烈的全球化趨勢下，以目前對於托教事業經營的理論中，多半只是以特定觀念來解釋托教事業的組織、成長模式與所面臨的政策環境如何因應，如此論述容易陷入經營上的盲點。隨著公立與私立、營利與非營利托教事業機構的界限逐漸模糊，政府的過渡政策是造成托教事業體系結構遲滯不前的主因，因此以一種更多元化與全觀性的經營策略思維，才可以因應目前教育制度下托教事業的未來。在此前提之下，本書研究首先從產業生態分析將托教事業做一說明，進而分析直營連鎖個案與加盟連鎖個案，把這兩大經營形態的關鍵因素與邏輯推演予以延伸，並融合相關文獻的研究成果思考未來托教事業的經營模型，從本書研究的論述，可具體分成下列三個問題：

1. 托教事業直營連鎖與加盟連鎖已經成為整體大環境的經營主力，這兩種型態之優劣為何？
2. 從直營連鎖與加盟連鎖之優劣談「幼托整合」對直營連鎖與加盟連鎖會帶來什麼影響？

3.「教改」政策對於托教事業的營運究竟造成產業多少衝擊？

以上三個問題在前面章節已有論述。其實托教事業經營者應具有前瞻性的觀點，不論直營連鎖與加盟連鎖之優劣爲何，這兩種經營形態是經營者對「教育品質」與「機構盈利」間的拉扯，孰優孰劣見仁見智。從「幼托整合」與「教改」兩大重要政府政策對托教事業之影響，隨著學習與教育思考方式的轉變，早就應該做未雨綢繆的規劃，師資與行政人才成爲主要的生產因素，也是產業競爭未來的希望。經營的獨特性必須是托教事業體系最核心的要素，但如此並不意味著基本政策的規劃就不再被需要，當然托教事業過度的企業化也必然引起社會大眾家長的疑慮，因爲形成托教事業成行成市，連鎖體系無限擴張，回歸教育事業的初衷，是否因爲過度的追求企業化甚至國際化而忘記托教事業最初的核心是學子才對而不是托教事業機構。不過如果進一步仔細思考，此一開放性的托教事業在規模擴大的同時，必定也創新了許多前瞻性的教學教案與師資及教育行政人才的增加，進而帶來多元化的教學思考衝擊，從長遠來看，優點是可以預期的。

理想的托教事業應該是有效率的，以臺灣的補習班爲例，從1997年以前未立案補習班比合法立案的補習班多了數十倍，學校老師私下幫學生補習的行爲一直到1997年後，政府強力執行未立案補習班合法化及對於正規教育學校的老師私下幫學生補習的行爲嚴懲，伴隨「一綱多本」政策讓大型的補習班瓦解，從此補習班的低進入門檻形成小型補習班林立，家長對小孩在才藝類的需求增加，進而造成技藝與才藝類補習班增加等社會環境的變遷，使補習班的經營起了質變，於是經營者開始在政策間尋找平衡點，且不斷地自我調適、更新與修正經營模式，來因應與社會大環境互動的演進。

本書研究認爲好的托教事業應該發展出適合托教事業的組織，而非要托教事業一昧地配合政府政策而失去活動力。而托教事業在變革的過程中是基於既定的核心價值與新環境變遷所形成的新價值觀爲依據，

然而托教事業經營者實際在面對管理的問題時，常常主觀的依據其經營習慣或企業嗅覺來作爲解決問題的方式，這種方式往往忽略了托教事業機構是以「學生」爲根本的產業特質，也使托教事業經營者陷入經營的盲點。此外，通常托教事業的經營者常常也是教師的一員，置身於公司的內部，如果在制定未來營運走向時，不明瞭托教事業與社會環境的互動發展，在這種前提下，托教事業經營者所主導的方式最後一定會反饋回來，導致經營者被迫再度執行舊有方案，週而復始，導致托教事業體將無法適應企業化的成長與變革。所以托教事業經營者必須要有綜觀性的邏輯思維，明瞭托教事業與社會環境的互動，才能找尋企業問題的全貌，進而因時、因地採取適當的策略模式。所以不管社會環境因爲「幼托整合」或「教改」政策，甚至後來的「一綱多本」、「108課綱」而改變，托教事業體的經營者都能夠隨時因應社會環境的改變。

談到「一綱多本」，作者想做些補充，這個對補習班最直接的衝擊政策，分析如下：

1.外部因素：

(1)實施「一綱多本」之後使大型補習班解體：政府實施「一綱多本」之後，因爲各學校版本不同，在競爭激烈的情況下，補習班已無法像過去一樣，以一套教材來滿足所有的學生，無法以大型態班級來教學，因此出現非常多的小型補習班，大型補習班因此式微。

(2)臺灣人喜歡自己當老闆的個性造成補習班的林立：上班領固定薪水再加上長期薪資的凍漲，不如創業。因此造就小型補習班林立。而大型補習班的解構，造成小型的補習班大幅增加，自然也造成整體補習班數量的增加，但補習班數量的增加不一定等於補習總人口的增加。

2.內部因素：

(1)經營技術的成熟：由於補習班經營技術越來越成熟，各種連鎖

品牌的出現，競爭非常激烈，因此需做更多客製化的服務。

(2)補習班朝向訂製化的服務：依據家長及學生個別的需求，設計
課程與安排教學方式成為新趨勢，如此方能滿足學生家長的期
待，也使補習班的經營模式朝向推動個別指導學生的教育工
作。

作者認為所有的托教事業經營者當然都希望能永續生存，並且獲
利。但是如果只是做一個一般的托教事業機構，自給自足就好，總有一
天當社會環境發生變化所造成的托教事業市場的突變，萬一反映不及
時，一定會使經營者的托教事業機構面臨生存危機。所以上述建議是希
望為一般托教事業的經營者提出經營的重心所在，當然如果托教事業
體已經邁入直營連鎖與加盟連鎖的經營階段，如此必定增加了避險的能
力，而托教事業在機構內有「合理的訊息與決策流程」，機構外有「有
效率的環境評估與異業合作」，使托教事業經營者隨時具備反應的彈
性。另外積極建立托教事業機構的企業文化與企業倫理，隨時檢視托教
事業機構經營的問題，尋求即時解決的良方，再透過組織能耐的應用與
創新，定能將所經營之托教事業變成精緻化的品質機構，這也是托教事
業追求的普世價值。

第二節　實務上運作之可能性與具體建議

由上一章節得知托教事業經營者也必須具備從各種不同的角度，探
討托教事業體所發生問題的歷史性、整體性、政策性與複雜性，也需要
有融合創造性思維的能力，在直營連鎖與加盟連鎖的優勢中尋找適合經
營者經營的模式。在經營者還是「單一托教事業模式」時，作者建議如
下：

1.以未來可擴大的規模建置托教事業體。

2.訂定托教事業體未來的發展策略。

3.隨時注意並降低托教事業與社會環境之間的距離差距。

4.對於政府教育政策，充分的認知與分析探討，透過企業能耐合法進行企業修正。

5.掌握托教事業體的成長契機。

6.設計良好的組織架構。

7.將員工福利與義務政策予以企業化，透過公開的方式進行。

8.可以將同質性夥伴托教事業體做合作結盟，增加托教事業體的競爭力與多角化。

9.維持原有的競爭強項與優勢。

而在托教事業經營者已具「連鎖托教事業模式」時，作者建議如下：

1.檢視自己托教事業的擴展模式與加盟形態是否符合環境競爭力。

2.訂定托教事業體未來的發展策略。

3.由於因應社會環境變化的能力普遍較單一托教事業者強，所以托教事業經營者應該著眼於帶動新的托教環境發展與創新的教案班級，持續讓經營者自己的托教事業體保持競爭優勢。

4.主動參與各項政府教育政策公聽會，傳達托教事業實際經營的問題訊息。

5.積極尋找托教事業體下一個成長契機。

6.探求托教事業體由公司化的架構邁向集團化的架構。

7.思考成立工會與員工福利委員會作為勞資雙方的溝通平台。

8.決定托教事業體本身要以「同質性合作結盟」或「異質性異業結盟」為主軸，持續及強化連鎖托教事業體本身的企業活力與市場掌握性。

9.開拓新的競爭強項與優勢教案。

托教事業的轉型是需要時間與方法的，過去曾有業者推出「網路與實體教學」、「數位個別指導」、「成長模式教學」與「蒙特梭利美語幼兒園」，或可參考日本托教事業發展已經從團體教學轉變成個別指導型態，其中動力開關集團、明光義塾、東京個別指導等，這些類型的托教事業集團其實是符合大環境教育政策與家長需求的方向，以每位學生為中心並培養學生自主學習。轉型的過程，政府機關可以協助建立「托教事業價值鏈」，如**表8-1**。

總之，托教事業的經營確實會受到政府政策的影響，作者希望臺灣的托教事業體系下一個市場應該不是在國內地區大家殺得你死我活，而是應該思考結合大家的力量，往國際輸出的角度運作。就經濟的層面而言，如果臺灣的教育資源有了輸出的平台，也能提升臺灣經濟的競爭力。過去以來，隨著經濟發展階段的不同，以及國內、外經濟情勢的演變，政府的發展政策也隨之改變。從勞力密集的工業，逐漸往重化工業，再接續技術密集與高科技產業，而後的生技產業等，但是傳統產業仍需有其生存之道，臺灣以中小企業的型態，創造臺灣的經濟奇蹟，但現今面臨大環境的變遷，各行各業都在尋求轉型，托教事業當然也必須因應，作者建議是否可從《促進產業升級條例》上著手，鼓勵托教事業的研發與創新，帶動托教事業的產業升級，而托教事業可以國際輸出至中國、香港、新加坡、馬來西亞、越南甚至歐美等國。

表8-1 托教事業價值鏈

教育部與其他相關教育單位	公立學校與公立幼兒園	各縣市的幼兒、兒童托育協會、補教協會	補習班、私立幼兒園與準公共化幼兒園、線上教學業、以親子關係為輔導的協會等	學生與家長

資料來源：作者整理。

另外從勞工的角度，可以開設多元化職業訓練相關課程，除了可以降低失業率之外，也會提升臺灣的經濟成長。在全球經濟走向國際化貿易與區域化組織的同時，臺灣必須積極參與國際社會的活動，並且善用網際網路的普及所帶來的便利，讓臺灣托教事業具備全球化的競爭力。

第三節　新托教事業連鎖經營模型

作者在這次研究的最後，希望為托教事業尤其是已經邁入直營連鎖與加盟連鎖模式的經營者，提出一個可以結合彼此優點的經營模型，直營連鎖確實有教學品質較優之優點，而教學品質當然也是托教事業的核心價值，但是直營連鎖發展至今確實也遇到拓展受限的瓶頸，尤其是資金的高度投入（直營連鎖大多由總管理處或負責人占相當高的持股比重），試想如果將這些資金加以重新分配，透過內部調整直營分校主管的持分，就可以增加更多分校的開設，而且融合加盟連鎖之優點，說不定會有同仁因此願意轉戰外縣市戰區，提高托教事業體更高的知名度與版圖擴展，作者以冠傑教育集團（直營連鎖）為例，設計模型如**表8-2**。

透過上述的說明，希望讀者能體會作者為何要提出「直營連鎖兼管加盟連鎖制」的新托教事業連鎖經營模型方案。托教事業如何永續存在一定有其根本原因，托教事業經營者若是以積極的方法就是找出新的經營模型，消極的方法則是將原有體系的托教事業體朝向進步的方向改進。另外，托教事業正逐步進入經營微利時代，作者希望所有的經營者能以正面理性的態度來面對。事實上，托教事業是「知識產業」的一種，可是專門的研究少之又少，幼兒園或是課後照顧中心的研究，或許因為國內有專業的青少年兒童福利研究所或是社會福利研究所等相關系所，所以仍保有一定程度之探討與研究，但是補習班這個在臺灣大街小巷比比皆是的民間教學機構，其研究部分就相對不足了，形成一種大家很愛投入的教育產業，但是卻沒有專業大學系所或是機構教導的

表8-2 新托教事業連鎖經營模型

冠傑教育集團總管理處				
1.設立直營連鎖總部主管部門（直營總部），目前共有PI4一對四教學體系、臺灣拓人體系、微笑星星體系、涵軒教育事業體系、雲諾科技線上直播教學體系。 2.成立加盟連鎖總部主管部門（加盟總部），積極開發集團品牌，目前共有南港總部、臺中總部、高雄總部，並設專責的負責人擔任開發與管理工作。				

直營總部		加盟總部		
1.原有直營分校單位。 2.總管理處主管申請創業。 3.員工在工作一定年限後申請創業。		1.地主與自有店面所有權人創業。 2.經營遇到瓶頸想轉型者。 3.素人。 註：作者主張對加盟主資格應該有所控管，不能像一般加盟連鎖業者一樣不設限（在前章節有說明過濾方式）。		

原有直營分校	申請創業	地主與自有店面所有權人創業	轉型者	素人
1.訂定經營項目與教學重心。 2.控管。 3.行政控管。	1.總管理處協調出資比例。 2.訂定經營項目與教學重心。 3.師資支援。 4.行政支援。	1.加盟總部協調持股比重。 2.確認雙方經營權與所有權的歸屬。 3.如地主參與經營必須至總管理處研修訓練。 4.師資支援。 5.行政支援。	1.找出原機構經營不善之因。 2.加盟模式與加盟金、權利金的訂定。 3.總管理處加盟總部幹部進駐輔導與協助經營。 4.師資支援。 5.行政支援。	1.確認創業之因並安排特殊研修。 2.加盟模式與加盟金、權利金的訂定。 3.師資支援。 4.行政支援。

直營連鎖的重要原則		地主與自有店面所有權人的創業重要原則	轉型者的重要原則	素人的重要原則
1.確認開設範圍。 2.申請創業者在總管理處協調完出資比例後也應確認開設範圍。 3.分校間的區域性劃分。 4.硬體與立案。 5.共同採購原則。 6.分校與總管理處的資源連結。		1.以地主不參與經營為主要原則。 2.借重地主在地資源與人脈。 3.建立穩定的財務控管機制。	1.要有非常之破壞決心。 2.建立互信機制。	1.需要花更多時間研修以強化教育與行政管理專業。 2.建立互信機制。

兼容直營連鎖與加盟連鎖之優點				
1.保有直營連鎖質的優點並兼有加盟連鎖點的擴張優勢，取二者之長。 2.作者以為為追求教育事業品質的核心價值，應採「直營連鎖兼管加盟連鎖制」為良方。				

資料來源：作者整理。

窘態，也難怪補習班至今日仍然是以「師徒制」為主要傳承模式，作者試想若是補習班也進入「元宇宙」的虛擬經濟時代，還能再繼續「師徒制」下去嗎？

所有托教事業機構的經營者都應該有「多元價值與客製化服務」的基本觀念，並且在大環境的變動中，持之以恆的創新與反思。最後，作者在此為托教事業下一結論：「選擇好的經營模型，找出好的經營策略，熟悉政府相關政策，善盡社會福利教育責任。」

作者最後想再補充一下流浪教師的問題。

流浪教師的充斥，使托教事業機構的師資不足問題暫解燃眉之急，但這是屬於托教事業機構的師資層面，那經營層面呢？其實流浪教師充斥是另外一個更嚴重的師資培育制度的錯誤問題，臺灣在經歷少子化，學校減班與每班教學人數下降的過程，在老師的需求面上已經逐年下降，但是在之前師資不足之際大量開放教育學程的這批結訓老師們卻因學校沒有缺額而無法進入體制內學校，再加上整體大環境的經濟不景氣，學校老師的薪資相對是一個穩定的收入，導致原體制內的老師大多執教到退休年齡極限才申請退休，在資深老師沒有退休，但結訓與畢業的老師仍然持續誕生，加上學校又減班，學生人數又逐年下降，這個供需市場的乖離，可想而知了，當然這中間還有許多細節的問題，就不在此贅述。

作者以為流浪教師既然完成學業或結訓，如果真的沒有適合學校的空缺，與其每年持續的考試與等待，不如認真思考投入民間托教事業機構來磨練教學能力，讓所學的理論可以搭配實務上的實行，累積教學與行政經驗，或許民間托教事業機構是您的另一扇窗，在經驗累積到一定的基礎後，歡迎投入成為民間托教事業機構經營者的行列，為國家社會的下一代教育盡心盡力，如此一來也因為這個另一扇窗，完成您當初投入教育事業學習的原始初衷與夢想。

參考文獻

一、中文部分

大前研一（2006），「未來創新的致勝關鍵」精華分享，施人英助理教授整理，《長庚大學歷史期刊》，第53期。

工業技術研究院，國際合作知識網。

內政部、教育部幼托政策整合推動委員會（2003），「幼托整合政策規劃結論報告」。

尤子彥、王國安（2001），〈邁向國際化 須專注本業積累實力〉，《中時電子報》。

王平（2003），〈國外英語教育品牌爭相進入國內市場〉，《經濟觀察報》。

王家英（2002），〈吉的堡放眼大陸東南亞市場〉，《經濟日報》。

王國安（2002），《兒童教育連鎖產業拓展中國大陸市場相關因應策略之研究──通路與組織發展計劃》，私立大葉大學事業經營研究所博碩士論文。

王德業（1982），《特許加盟體系管理控制之研究》，國立政治大學企業管理研究所碩士論文。

古永嘉譯（1996），《企業研究方法》，華泰書局。

幼教希望論壇（2004/12/11）。

幼兒園及其分班基本設施設備標準（2019/07/10）。

吉的堡教育集團（2004），「加盟簡介」。

朱佳惠（1999），《連鎖業經營型態組合最適化模式之研究》，私立中原大學企業管理學系碩士論文。

行政院大陸委員會編（2002），《臺商大陸投資危機管理手冊》，行政院大陸委員會。

行政院大陸委員會編（2003），《臺商大陸投資經營管理指南》，行政院大

青少年兒童福利機構之經營與管理

陸委員會。

芝麻街美語網站（2002）。

吳玠儒（2001），《臺灣加盟連鎖體系介紹》，聯經出版。

吳彥毅（1998），《連鎖經營發展歷程之研究》，私立東吳大學企業管理研究所。

吳傳禎（2002），〈康橋雙語中小學可以讓我的孩子，將英文底子確實紮根〉、《康軒e週刊》，第20期，康軒出版社。

吳麗芬（1993），〈國小學生補習狀況問卷分析〉，《人本教育札記》，第43期，頁12-18。

李孟熹等（1998），《連鎖店管理》，科技圖書公司。

李幸模（1995），《連鎖加盟店Q&A》，商周文化。

李彥慧，〈吉的堡教育行銷大陸〉。

李淨錦（2001），〈臺灣連鎖加盟發展策略〉，《臺灣連鎖加盟特輯》，中華民國加盟促進協會。

佳音教育事業機構（2004），「加盟說明書」。

兒童及少年福利機構設立標準（2020/01/20）。

兒童課後照顧服務班與中心設立及管理辦法（2014/11/19更新）。

尚艾偉（2003），《文教機構經營管理之研究》，國立臺北大學合作經濟學系碩士論文。

林正修、楊咸宇（2001），《連鎖店的經營致富寶典》，世界商業。

林佩蓉（2005），〈從政策制度層面看幼兒教育權的問題與保障〉，《人權教育電子報》。

林益山（1996），《直營與加盟體系之連鎖力研究》，私立銘傳管理學院管理科學研究所碩士論文。

林群盛（1996），《連鎖經營產業之關鍵成功因素暨競爭優勢分析——臺灣連鎖餐飲業之證實》，國立臺灣大學商學研究所碩士論文。

邱鈺恩（2002），《兒童教育連鎖產業拓展中國大陸市場相關因應策略之研究——目標市場界定與策略研擬》，私立大葉大學事業經營研究所博碩士論文。

長頸鹿文化事業機構（2004），「加盟說明書」。

洪福財（2000），《幼教教師專業成長：教學反省策略及其應用》，五南圖書。

冠傑教育集團（2005），PI4班系資料檔案。

冠傑教育集團（2022），PI4班系資料檔案。

冠傑教育集團（2018），微笑星星班系資料檔案。

冠傑教育集團（2003），總管理處資訊部資訊部檔案。

胡文豐（2002），〈經營術—臺商藉連鎖拓版圖〉，工商總會服務網。

胡文豐（2004），〈臺商藉連鎖拓版圖〉，《財經文摘》，第248期。

徐千惠（2003），《兩岸民辦幼教發展及其相關法規之比較研究》，國立政治大學教育研究所碩士論文。

孫清山、黃毅志（1996），〈補習教育文化資本與教育取得〉，《臺灣社會學刊》第19期，頁95-139。

桂世平（2001），《開店、加盟、當老闆》，財經出版。

翁福榮、廖春文（2005），〈全面品質管理與平衡計分卡在學校經營策略應用之整合模式探究〉，《臺中教育大學學報》，教育類。

馬駿翻譯（1977），O. Terd著作，《工商管理》，臺北：世界書局。

康軒文教集團、冠傑教育集團、日本動力開關集團（2019），《臺灣拓人築夢十年全紀錄》。

張菁雅（2004），〈投資十五萬，你就是加盟店老闆〉，《新新聞周報》，638期，頁98-100。

張翠玲（1991），《連鎖加盟體系總公司控制機制之探討——特許加盟與自願加盟之比較》，國立中興大學企業管理研究所碩士論文。

張豐榮（2004），《編輯作業概述》，臺北：農學社。

教育部直轄市及各縣市補習班管理系統，http://bsb.edu.tw/afterschool/index.jsp。

教育部統計處，「重要教育統計指標」。

莊雅惠（2002），《知識型企業發展階段研究——以兒童學習相關企業為例》，國立政治大學科技管理研究所碩士論文。

郭啟祥（2003），〈補習班影響青少年兒童教育品質之經濟分析〉，冠傑之聲評論。

青少年兒童福利機構之經營與管理

郭峰志（2003），《醫療機構導入平衡計分卡之研究——以某區域醫院為例》，國立台灣大學會計學研究所碩士論文。

郭靜晃（2002），《兒童教保機構行政管理》，揚智文化。

都中秋（2002），《進入策略與市場導向配適對市場績效影響之研究——以國中、小學教科書市場為研究對象》，私立中原大學企業管理研究所碩士論文。

陳國華（2003），〈廿一世紀的策略思維〉，淡江大學未來學研究中心，2003/12/22。

陳淑怡、林湘儀、廖曉琦、侯美娟、林季丹、賴惠琦（2003），《幼兒美語補教機構行銷經營策略之研擬——以新竹地區佳音補教機構為例》，明新科技大學專題製作委員會審定書。

陳登旭（1998），《加盟體系連鎖總部建構與發展之研究——以臺灣地區連鎖藥局為例》，國立雲林科技大學企業管理技術研究所碩士論文。

陳慶得（2000），《連鎖式經營關鍵成功因素之探討——以美語補習業為例》，私立淡江大學管理科學學系碩士論文。

喬天碧、楊雨文（2003），〈定居上海的臺灣人為子女教育鬆了一口氣〉，華夏經緯網。

超優教育事業機構（2004），「加盟說明書」。

黃炳煌（2002），《教育小語》，高教文化。

黃琴雅（2002），〈李萬吉花了十二億打造貴族學校〉，《今週刊》，頁287。

經建會（2000），國民年金制度規劃。

經濟部商業司（2002），《兩岸連鎖加盟制度及發展研究報告》，臺灣連鎖暨加盟協會出版。

經濟部商業司編印（2000），《連鎖店經營管理實務》，經濟部商業司。

葉雅馨（1989），《校外才藝補習教育與學齡兒童學業成就創造力、自我概念及同儕關係之關研究》，私立中國文化大學兒童福利研究所碩士論文。

臺北市社會局官網，臺北市托嬰中心立案步驟與流程（2012/01/01）。

臺北市政府教育局官網，兒童課後照顧中心改制後申請籌設文件檔

（2019/05/23）。

臺北市政府教育局官網，短期補習班申請籌設文件檔（2022/08/18更新）。

臺北市教育局官網，幼兒園設立手冊（2020/06/20）。

臺灣加盟促進協會（2004），《2004臺灣連鎖加盟商業特輯》，臺灣加盟促進協會。

臺灣加盟促進協會編（2003），《2003臺灣加盟連鎖產業特集》，臺灣連鎖暨加盟協。

臺灣連鎖暨加盟協會（2000），《臺灣連鎖店經營策略重點與問題調查——經營統計調查篇》，臺灣連鎖暨加盟協會。

臺灣連鎖暨加盟協會編（2001），《2001臺灣加盟總部指南》，臺灣連鎖暨加盟協會。

臺灣連鎖暨加盟協會編（2002），《2001連鎖店年鑑》，臺灣連鎖暨加盟協會。

臺灣連鎖暨加盟協會編（2003），《2002連鎖店年鑑》，臺灣連鎖暨加盟協會。

臺灣連鎖暨加盟協會編印（2001），《2001臺灣加盟總部指南》，臺灣連鎖暨加盟協會。

劉汝駒（1997），《進軍連鎖加盟》，東方出版社。

劉原超（2002），《連鎖經營的核心本質——創新》，商周出版。

蔡佾錩（2003），《兩岸連鎖加盟產業發展趨勢研究》，國立臺北大學企業管理學系碩士論文。

鄧若寧（2002），〈臺商名人故事／看好千億人民幣市場 吉的堡登陸打拚〉，《國際金融報》。

盧兆麟（1995），《家教、補習班經營大全》，創意力。

賴秀媛（2004），〈亞洲地區育兒理財大調查——九成臺灣父母盼政府補助增加〉，《媽媽寶寶》，第4期。

謝志明（1998），《臺灣連鎖企業規劃之研究》，私立淡江大學管理科學學系碩士論文。

鍾任琴、倪用直（2005），《大陸民辦教育促進法對臺灣幼稚園經營者赴大陸辦學之影響——以上海為例》，朝陽科技大學碩士論文。

鍾佩諭（2004），〈幼教相關產業寫作報告——「文教業」以康軒文教事業為例〉，國立政治大學幼教課程與教學期末報告。

韓復華（2001），〈由企業競爭談電子企業網路的經營模式〉，《電子月刊》，67卷，頁132-138。

簡楚瑛、廖鳳瑞、林佩蓉、林麗卿（1995），〈當前幼兒教育問題與因應之道〉，《教改資訊》，14期，頁32-33。

蘇淑華（2002），《連鎖加盟之緣起與未來發展趨勢之分析研究》，大葉大學事業經營研究所碩士論文。

二、英文部分

Alan, Huges (2002), *Franchise to Go*, New York.

Allan, Afuah (1998), *Innovation Management*.

Black & Porter (2000), *Management: Meeting New Challenges*, p.197. Prentice Hall Inc., New Jersey.

Brickley , James A. and Dark, Frederick H. (1987), "The Choice of Organizational Form: The case of Franchising", *Journal of Financial Economics*, pp. 401-420.

Galunic, D. C. & Eisenhardt, K. M. (2001), *Academy of Management Journal*, journals.aom.org.

Carney, M. & Gedajlovic E. (1991), "Vertical Integration in Franchise System: Agency Theory and Resource Explanations", *Journal of Strategic Management*.

Carman, James M. & P. Kenneth (1973), *VHL. Phillis and Duncanis, Marketing: Principles and Methods*, 7th ed., Richard D. Irwin Inc.

Charles, W. L. Hill & Gareth R. Jones (2001), *Strategic Management Theory*, 5th ed.

Cumming, T. (1984), "Transorganizational development", *Research in Organizational Behavior*.

Daft, Richard A. (1999), *Organization Theory and Design*.

Dave, Thomas & Michael, Seid (2000), *Franchising for Dummies*.

Erwin, J. Keup. (2000), *Franchise Bible: How to Buy a Franchise or Franchise Your Own Business*, 4th ed., The Oasis Press.

El-Ansary, Adel I. & Stern, Louis W. (1972), "Power Measurement in the Distribution Channel", *Journal of Marketing Research*, Vol. 47.

Etgar, Michael (1978), "Selection of an Effective Channel Control Mix", *Journal of Marketing*, Vol. 42, p.54.

Frazier, Gray (1983), "Interorganizational Exchange Behavior in Marketing Channels: A Broadened Perspective", *Journal of Marketing*, Vol. 47, pp. 68-78.

Frazier, Gary L., James D. Gill & Sudhir H. Kale (1989), "Dealer Dependency Levels and Reciprocal Actions in a Channel of Distribution in Developing Country", *Journal of Marketing*, Vol. 53, January, pp. 50-70.

Ilan, Alon (2001), "The Use of Franchising by U.S.- Based Retailers", *Jaurnal of Small Business Managemen*, Milwaukee.

Handy, F. & Katz, E. (1998), *Journal of Comparative Economics*, Elsevier.

John, F. Love (1995), "McDonald's behind the arches".

Geyskens, Inge, Jan-Benedict E. M. Steenkamp, Lisa K. Scheer, & Nirmalya Kumar (1996), "The Effects of Trust and Interdependence on Relationship Commitment: A Trans-Atlantic Study", *Intern. J. of Research in Marketing*, Vol. 13.

Hunt, Shelly D. & John R. Nevin (1974), "Power in a Channel of Distribution: Sources and Consequences", *Journal of Marketing Research*, Vol. XI, p. 187.

Justice, R. & Judd R. (1989), *Franchising*, South-Western Publishing Co.

Kaplan & Norton (1996), Using the Balanced Scorecard as a Strategic Management System. *Harvard Business Review*, Jan.-Feb., p. 76.

MacStravic, S. (1999), *Health Forum Journal*, pubmed.ncbi.nlm.nih.gov.

Martin, Robert E. (1988), "Franchising and Risk Management", *American Economics Review*, Vol. 78, No. 5, pp. 3-12.

Martin, R. (1997), *Total Quality Management*, Taylor & Francis.

McCammon, Bery C. Jr. (1970), "Perspectives for Distribution Programming",

in Louis P. Mucklin eds, *Vertical Marketing System*, p.43.

Merle, Crawford & C. Anthony Di Benedetto (2000), *New Products Management*, 6th ed.

Minkler, Alanson P. (1990), "An Empirical Analysis of a Firm's Decision of Franchise", *Economics Letter*, Vol. 34, pp. 78-82.

Mohr, Jakki & John R. Nevin (1990), "Communication Strategies in Marketing Channels: A Theoretical Perspective", *Journal of Marketing*, October, pp. 36-41.

Mohr, Jakki & Robert Spekman (1994), "Characteristics of Partnership Success: Partnership Attributes, Communication Behavior, and Conflict Resolution", *Strategic Management Journal*, Vol. 2

Mohr, Jakki J., Robert J. Fisher & John R. Nevin (1996), "Collaborative Communication in Interfirm Relationships: Modderating Effects of Integration and Control", *Journal of Marketing*, Vol. 60, July, pp. 103-115.

Moorman, Christine, Gerald Zaltman & Rohit Deshpande (1992), "Relationships Between Prividers and Users of Market Research: The Dynamics of Trust Within and Between Organizations", *Journal of Marketing Research*, Vol. 29, August.

Norton, S. W. (1988), "Franchising, Brand Name Capital and The Entrepreneurial Capacity Problem", *Strategic Management Journal*, Vol. 9, pp. 105-114.

Ouchi, Willian G. (1979), "A Conceptual Framework for the Design of Organization Control Mechanisms", *Management Science*.

Oxenfeldt, A. R. & Kelly, A. O. (1969), "Will Successful Franchise Systems Ultimately Become Wholly-Owned Chains？", *Journal of Retailing*, Vol. 44, pp. 69-83.

Performance Management System (2000), Hanson & Towle.

Phillips, Lynn W. (1981), "Assessing Measurement Error in Key Information Reports: A Methodological Note on Organizational Analysis in Marketing", *Journal of Marketing Research*, Vol. 18.

Phillips, Kotler (1988), *Marketing Management Analysis, Planning,*

Implementation & Control, 6th ed.

Porter, M. E. (1980),*Financial Analysts Journal*, Taylor & Francis.

Rubin, P. H. (1978), "The Theory of the Firm and the Structure of the Franchise Contract", *Journal of Law and Economic*, Vol. 21, pp. 223-234.

Ruekert, Robert W. & Gilbert A. Churchill, Jr. (1984), "Reliability and Validity of Alternative Measures of Channel Member Satisfaction", *Journal of Marketing*, Vol. 226.

Schul, Patrick L., Willian M. & Little, Taylor L. (1985), "The Impact of Channel Leadership Behavior on Intrachannel Conflict", *Journal of Marketing*, Vol. 13.

附　錄

附錄一　幼托整合規劃結論報告書（草案）簡明版

壹、源起

「幼兒托育與教育整合」是臺灣當前幼兒照顧與教育制度改革的重要議題之一。這個議題，要言之，是在討論或企圖處理現行「幼稚教育」與「托育服務」體制中，六歲以下幼兒教育與托育功能重疊所衍生的問題。

依現行法規規定，幼稚園為實施幼稚教育之唯一機構，收四足歲至入國民小學前之兒童；托兒所為實施托育服務之一種兒童福利機構，分托嬰與托兒兩部分，托嬰收受出生滿一個月至二歲，托兒收二足歲至六歲之兒童。惟依實際運作情形來看，私立幼稚園與托兒所在收托孩子的年齡及其服務的內涵，具有極高的重疊性。然在雷同的收托年齡與服務性質下，幼、托卻又分屬教育與社政兩個行政部門管理；一個接受幼稚教育相關法規規範，另一則依照兒童福利相關法規辦理；並由幼教老師與保育人員兩類不同任用標準的專業人員負責執行教保工作。上述現象與相關體制的紊亂，造成各方長年的困擾，因此，學界通常以「幼托整合」或「托教整合」問題簡稱之。幼托整合之「幼托」二字代表「幼稚教育與托育服務」兩個制度，或「幼稚園與托兒所」兩個機構，故幼托整合意指兩個「制度」或兩個「機構」之統整合併。

從學術領域的觀點與行政制度的角度來看，臺灣當前幼稚園與托兒所分屬教育與社福系統，然對幼兒而言，二者同樣具有教保合一性質。但就制度而言，二者卻是分工與互補的。教育制度以滿足或保障兒童的受教權及學習權為前提，故必須以普及和機會均等來考量幼稚教育的制度設計；而福利制度係以維護兒童的生存發展及基本生活需要為核心理念，並配合家庭及社會需要而提供補充性的服務，因此，托兒制度應以

滿足社會需求，維護社會正義爲制度設計之原則。然在實際運作上，幼稚園與托兒所卻隨著社會變遷，在幼稚園托兒所化，托兒所幼稚園化的發展現況下，兩個主管機關、兩種專業人員資格標準與兩套設施辦法，更凸顯出「相同年齡孩子，在兩類不同機構中，接受兩種不同品質的照顧與教育」的不公平與不合理。是以，「幼托整合」乃爲時代的需要與必然趨勢。

貳、幼托整合政策長程規劃理念

　　內政部與教育部爲積極推動幼稚園與托兒所之整合措施，於九十年二月廿六日協商達成「單一權責主管機關」暨「成立整合專案小組」二項共識。專案小組成員係由兩部分別推舉托育及幼教之專家學者、地方政府及民間代表以成立「推動委員會」之方式辦理，並由兩部政務次長擔任召集人，且分成三個任務小組，分別是「師資整合組」、「立案及設置基準組」與「長程發展規劃組」，針對時代與社會的需求，以及我國幼托困境，提出以下理念及主張作爲長程規劃幼托政策的原則：

一、幼托整合現階段應配合現行國民小學學制，以提供六歲以下兒童之綜合性（整合性）照顧與教育方案爲制度設計之優先目標，同時將六歲以上之課後照顧服務與刻正規劃中之五歲免學費教育制度一併考量。設計如下：

(一)在現行國小學制下，六歲以下兒童應以綜合性（整合性）照顧與教育方案爲制度設計之原則，其機構統稱爲「幼兒園」；六歲以上兒童之課後照顧服務應一併設計之。

(二)五歲免費教育制度之規劃，應以半日制爲原則，以符合學制的整體性考量；於此制度實施後，幼托制度適用範圍改爲五歲以下兒童之綜合性照顧與教育，以及五歲以上兒童之課後照顧。

二、為因應社會變遷所引起之普遍性托育需求，相關制度設計應以
平等、普及、吻合兒童身心發展為基礎，充分提供幼兒整合性
托教服務方案。

三、幼托制度之設計應注重提升整體社會之成本效益，減輕家庭負
擔，同時避免政府財政負擔過重。為達此目標，除了多元化的
私立托教機構外，需要逐步建立一個互利、共決、共享的公共
托教體系。

四、托教品質的良窳決定於工作人員之培訓、資格認定、工作品質
與權益保障，因此，應考量下列事項：

(一)設計妥善的培訓、資格認定、分級、編制等制度。

(二)協助托教專業者能充分施展其專業理念與技能，提升其工
作品質，並促進其自我實現。

(三)對於其薪資、工時、職訓、退撫等權益，應力求給予合理
的保障，以促進合格專業者持續就業，提升托教品質。

參、幼托整合制度架構設計

一、托教措施或機構類型、收托幼兒年齡、主管機關
我國托教制度架構現狀為：家庭托育、托兒所、國小學童課後
照顧、幼稚園、才藝班、補習班等。未來擬將托教制度調整
為：

(一)家庭托育與托嬰中心（收托○至二足歲幼兒）由社會福利
部門主管。

(二)將幼稚園與托兒所融合，稱為「幼兒園」，收托二足歲至
學齡前幼兒（五至六歲半日制免學費教育實施後，將為收
托二足歲至五足歲幼兒），由社會福利部門主管，教育部
門協辦。幼兒園可提供托嬰、課後照顧等複合式之服務內
涵；並得接受政府委託辦理五至六歲半日制免學費教育。

(三)國小學童（包括五歲半日制免學費教育實施後之該年齡層小孩）課後照顧服務，國小自辦或委辦者由教育部門主管，但幼兒園附設者由社福部門負責管理。【獨立設置者之主管機關刻正研議中】

二、幼托服務提供者

依據長程規劃設計理念，有關未來提供幼托服務之類型，大致如下：

(一)政府設立：以照顧弱勢兒童為優先。對所收托之非弱勢兒童應採分級（sliding scale）方式收費，以維公共資源公平運用原則。

(二)民間力量與政府共同設立：

(1)公私合營：由政府與民間共同提供資源共同管理經營。

(2)公辦民營：由政府提供場地、設備，委託給民間經營者。

(三)民間設立：

(1)由企業、團體、社區等組織附設，以成本價提供給其員工、成員及居民使用。

(2)宗教團體或非營利組織設立，以慈善為目的。

(3)私人設立，開放自由市場運作，以滿足家長需求。

三、政府預算之分配

投注於幼托的政府經費應以充足、分配均衡，且顧及弱勢優先為原則。其要點如下：

(一)政府經費應優先用於為弱勢幼兒提供良好的托教服務。

(二)應善用政府經費，建立互助共享之公共托教體系；公共托教體系之建立，應以社會需要及地域／階層之均衡享用為優先考量。

(三)應善用政府經費，積極投入幼托實驗計畫，以促進良好托

教模式之發展，並提升托教品質。

四、管理輔導機制

未來幼托機構之管理與輔導機制之建立，主要做法如下：

(一)主管、協辦及跨部門協調合作：

幼托整合之後，家庭托育、托嬰中心、幼兒園及幼兒園附設課後照顧服務歸社福部門主管，教育部門協辦；五歲半日制免費國教班、國民小學自辦或委辦之課後照顧服務，以及補習班（包括坊間之才藝班），歸教育部門主管，社福部門協辦。【獨立設置之國小學童課後照顧服務，其主管機關刻正研議中】

(二)決策及運作機制：

各級主管機關應邀請相關政府部門、學者專家、專業工作人員〔組織〕、家長〔組織〕、在地相關公益社團等代表參與托教政策之制定及執行。

(三)輔導及評鑑：

托教機構之輔導及評鑑，應由地方主管機關聘請專業人士負責執行，或以「委外」方式，委託相關專業機構或組織執行。

(四)收費及財務管理：

公共托教體系之托教措施，應以一般使用者可負擔為原則，弱勢兒童應由政府予以補助。至於私立托教機構之收費，則採市場自由運作法則，政府原則上不須多作額外的干預。

五、托教專業人員之培訓與任用制度

(一)專業人員之分級、培訓及任用：

1.未來托教專業人員將分為幼兒教師、教保員、助理教保員、保母及課後照顧人員等五類，其相關資格如下：

(1)幼兒教師：指大學以上幼教相關科系畢業，或大學以
　　上非幼教相關科系畢業已修畢幼教認可學程者，擔任
　　五歲免學費國教系統之專業人員，適用「師資培育
　　法」。

(2)教保員：指大學以上幼教、幼保相關科系畢業者，以
　　及大學以上非幼教或幼保相關科系畢業已修畢幼教或
　　幼保資格認可學程者，負責五歲以下之學前托教工
　　作。

【註：為提升托教人員之專業能力及專業形象，將規劃
於我國社會條件成熟時，推動專業人員國家考試制度，
通過專門技術人員高等考試者，可取得「教保師」之資
格。】

(3)助理教保員：指高中職幼保相關科別畢業者，以及高
　　中職非幼保相關科別畢業已修畢幼保資格認可學程
　　者，負責五歲以下之學前托教工作。

(4)保母：指通過保母證照檢定者，從事家庭托育或受聘
　　於托嬰中心，負責〇至二歲下之托嬰工作。

(5)課後照顧人員：指符合以上各類人員資格者，得擔任
　　課後照顧人員，從事課後學童之托教，但無五足歲至
　　未滿十二歲兒童托教訓練背景者，須加修相關訓練課
　　程。

2.前述專業人員之培訓以「資格認可學程」或「職業訓練
　課程」方式規範之。其中有關「職業訓練課程」係針對
　保母及課後照顧人員而設，其內容及實施辦法另訂之；
　至於「資格認可學程」與各相關、非相關學系之關係，
　可分為三種：

(1)學程科目完全內含於幼教學系、幼保學系，或設有幼

教、幼保組群之相關學系之學位授予課程中，基本上這些學系（組）認定該系（組）學生之培訓目標涵蓋此專業資格。

(2)學程科目部分內含，部分外加於相關學系中（如社工、福利、心理、家政等），基本上這些學系同意學生可以選擇幼教專業，亦允許學生可以在學位授予學分中有若干學分屬幼教課程，其餘未受內含之學分則採外加方式。

(3)類似現行之教育學程制度，完全外加，為提供非相關學系者選擇幼教專業所需修習之用。

(二)現職人員之職稱轉換：

1.目前幼托職場上之助理保育人員，於改制後改稱為助理教保員；保育人員、（幼稚園）教師改稱教保員；幼稚園園長、托兒所所長可繼續採認為（幼兒園）園長，惟僅具高中職學歷者，須於一定期限內取得大專或以上學歷。

2.目前具幼稚園教師資格者，改制後採認為（幼兒園）教師；惟僅具高中職學歷者，須於一定期限內取得大專或以上學歷。

六、幼兒園立案及設置基準

未來幼兒園設置基準訂定原則為：

(一)有關非都市土地放寬使用，應配合國家土地管理規劃，欲立案者可依據內政部訂定之「非都市土地容許使用執行要點」暨「非都市土地變更編定執行要點」，依規定程序申請使用。

(二)有關放寬建物使用執照，內政部營建署為配合行政程序法之規定，業已修正建築法第七十三條，授權由直轄市、縣

（市）主管建築機關研議於一定規模面積以下辦理托兒
設施或幼稚園得免辦使用執照變更（尚待立法院審議通
過），未來托教機構申設可循此規定簡化相關作業事宜。

(三)有關規範訂定由中央訂定最低基準（項目如下列）後，再
授權地方政府依地區特性另訂設置標準，以收因地制宜之
效：

1.使用樓層：以三樓以下（含三樓）為限。

2.地下室使用：依「幼稚園設備標準」規定（即地下室可
作為防空室、儲藏室、工人用室等，如果在園舍建築時
能將地下室高出地下一公尺以上，則可作較多用途，唯
室內應有防水設備，且通風良好。地下室出口必須有兩
個門，一個直通室外，另一個連接走廊通道；但地下室
如通風、光線良好，並至少有一面門戶直通室外者，得
作為一般室內空間使用）。

3.室內面積：每名兒童至少1.5平方公尺。

4.室外面積：每名兒童至少1.5平方公尺，並得以室內相同
面積取代。

5.應獨立設置之設施設備包括：多功能活動室、廚房暨盥
洗設施等三項。

(四)幼兒園設備基準之訂定，應聘請相關專家依照前述原則議
定之。至於托嬰中心，包括幼兒園所附設者，其設置基準
訂定須顧及托嬰之需求。

肆、預期效益

本幼托整合政策預期能夠達成幼托整合推動委員會組成之初所設定
的政策目標如下：

一、整合運用國家資源，健全學前幼兒教保機構。

二、托兒所與幼稚園之立案、師資、課程標準等將予以整合漸趨一致，並提升專業素質，使兒童享有教育與保育並重之服務內涵。

三、確保立案托兒所、幼稚園暨合格教保人員之基本合法權益。

四、減少因主管機關權責不明，造成有投機存在的未立案機構。

五、國民教育向下延伸一年將促使五至六歲原在家中，未就讀幼托園所之兒童增加就讀機會。

六、幼兒園除可向下收托○至五歲學齡前幼兒外，亦可往上提供六至十二歲學齡兒童之課後照顧服務，將促使目前幼托機構之業務內涵及服務對象更為寬廣。

七、由於幼兒園收托對象更為寬廣，可使家長送托幼兒之近便性更為增加。

【本份資料係經幼托整合推動委員會擬定並經教育局摘要成簡明版】

附錄二　無障礙的托育環境（專文）

一、內容

　　無障礙的托育環境除了在軟、硬體設備的齊全之外，溝通無礙也是重點，要達成理想的無障礙的托育環境，分下列各點敘述：

(一)法規依據

　　目前以「殘障福利法」、「建築技術規則－公共建築物殘障使用設施」，以達成可到達、可進入、可使用之境界。

(二)引導設施

　　正確的引導設施，讓身心障礙者能無礙進入本托育機構，這是無庸置疑的。也可以看出引導設施對於身心障礙者的重要，如果引導設施不完備，會造成許多問題，更別說要建立無障礙的托育環境，因為一開始就是障礙。

(三)昇降機設備

　　如果托育機構是有二樓以上之教室，則昇降機設備就相形重要了，如此才能使身心障礙者上、下樓方便。而昇降機若再加上語音播報設備將會更完整，視障學生可透過語音播報得知自己所到之樓層，增加其行動的便利性。

(四)導盲磚及導盲扶手的設置

　　這是對視障者最直接的貼心設備，因為一個優質而無障礙的托育環境是必須面面俱到的。而導盲磚及導盲扶手的設置便能正確的指引方向及目標，使得視障學生可以在托育園所中獲得正確的指示，也減少老師

的負擔。因為沒有導盲磚及導盲扶手的設置，就必須耗費人力來從事該工作，也會因此增加長期的人事開銷。反而比一開始就花費導盲磚及導盲扶手的設置造成更多未來支出。

(五)公布欄降低

其實將公布欄降低是非常重要的，因為殘障者尤其是坐輪椅的殘障人士如果公布欄太高根本就看不到，如此一來公布欄將失去公告的意義。所以將公布欄降低也能讓其他非身心障礙學生看得更清楚，對他們的父母或大人而言也不過是蹲下去一下，一點也不會麻煩，還可以拉近親子或師生距離。

(六)上、下課指示燈設計

對於聽障者上、下課若有指示燈設計，例如紅燈代表上課，綠燈代表下課的方式。當然對於無障礙的托育環境有很大的幫助。

(七)台階旁設計坡道

其實這是在許多地方都看的到的設施，因為斜坡的設計解決了許多不便，而且台階旁設計坡道對於非身心障礙者也有許多便利，例如像推嬰兒車的婦女、一時因車禍而暫時殘障者等。所以台階旁設計坡道還有許多附帶功能。

(八)門寬限制

門寬必須在80公分以上才能使輪椅的進出無障礙，這是基本條件，因為門的寬度也決定了許多東西的進出。如果門的寬度太窄對於殘障者的進出是不便利的，因為一般輪椅大多在70~80公分寬，其實如果可以我個人是希望90公分以上可能更理想。

(九)轉角處處理

一個園所中一定有許多轉角處，這些地方如果不做安全防範是會造

成危險的。所以一般建議轉角處要削角處理或者用斜面才能減少危機發生，降低受傷機會，其實身心障礙學生由於行動上的不便可能受傷的機率也會較高，如果托育園所能多注意一些當然能降低身心障礙學生的受傷機會。

(十)樓梯安全

樓梯應加裝防滑條以避免身心障礙者因爲一時未注意而跌落樓梯下，造成對身心障礙者的二度傷害，有時候我們必須瞭解並非所有托育園所都有能力裝設室內電梯，樓梯的安全就非常重要，畢竟他們並無法像正常人般行動。

(十一)電話高度

電話高度對於殘障者是一個夢魘，當然隨著這些年行動電話的普及或許這個問題會減輕，可是並非每位身心障礙就托的學生都有行動電話。所以在園所應至少有一支降低的公共電話甚至能裝設無線的公共電話以供身心障礙就托的學生使用，如此便更能夠達到聯絡上的便利功能。

(十二)走廊問題

一個無障礙的托育園所除了依法規規定走廊應該要110公分以上之外，更不宜有突出之物，因爲任何突出之物都會造成身心障礙就托的學生行動上的阻礙，所以要特別注意。

(十三)教育櫃子的設置

對於櫃子的設置，其實許多一般的教育機構應該都有設置，但是櫃子對於視障者可能有另外一個功能就是讓視障學生可以有自己的空間擺大字課本，這樣的設施也給予視障者便利。

二、結語

要營造一個無障礙的托育環境，除了上述有關的硬體設施之外，其實在生活及軟體方面也是相當重要的。再以以下各點論述：

(一)心理需求層面

除了硬體之外，就心理需求層面而言也是相當重要的。在心理需求層面所要重視的是老師對於身心障礙就托的學生是否能保持一份持續以及有力之鼓勵與關心，這是要營造一個無障礙的托育環境所必須之心理需求層面。既然對於身心障礙就托的學生教育是屬於特殊教育之一環，所以必須找到身心障礙就托的學生在學習上的需要，例如視障學生可能需要點字教學，聽障學生可能需要語言學習機等皆是。在找到身心障礙就托的學生在學習上的需要之後，便要將身心障礙就托的學生安置在適合的教育情境，並且進而提供教師教學依據。

(二)在保障方面

對於身心障礙就托的學生不加分類乃是目前世界各先進國家的趨勢。並且配合立法以保障身心障礙兒童教育之權利。而對教育之過程也必須規定種種保護措施以增加對身心障礙就托的學生之保障。

(三)鼓勵家長積極參與

其實鼓勵家長積極參與對於身心障礙就托的學生更有效果，也是營造無障礙的托育園所最重要的部分。家長的參與，使家長也能學習教學，並且可以組成家長團體藉以互相傾訴心聲及傳遞經驗，透過決策之參與使老師的教學方案更有利於身心障礙就托的學生。如此一來園所和家長都能共同成長，也將更能體會服務於這些身心障礙就托學生老師之苦心。

其實天下的父母都是希望自己的小孩能健康，而家中有身心障礙的

小孩所要走的路一定是比一般身心正常的小孩辛苦，身為一位托教工作者更應該本著有教無類的道德良知多奉獻在這些小孩身上，這些身心障礙的小孩其父母更需要老師的鼓勵與關懷，這種無形的力量有時可能會超過硬體設備的輔助，如此才能真正落實無障礙的托育環境，讓這些身心障礙的小孩能得到妥善的照顧。

【作者於基隆市政府委訓92年度主管人員專班特殊兒童工作報告】

附錄三 夢想的傳承（專書專章）

　　一家企業是否能永續端賴傳承與不斷地創新，這也是所有創辦人最念茲在茲之事。臺灣拓人身為教育機構，更有十年樹木、百年樹人之職志，一切夢想的實踐與傳承都從十年前的故事開始。

　　日本動力開關集團松田正男會長希望將日本發展有成的個別指導教育系統推廣到海外，自2003年起即多次造訪臺灣尋求合作夥伴，無奈當時的臺灣仍以團體班的教學模式為大宗，對於個別指導的教育模式多為理念上認同，但是實務上卻不可行，因為站在臺灣許多教育企業經營者的角度而言，一對一教學是無法創造企業利潤的，這是松田會長當時來臺時很難想像之事，尤其是個別指導教育蓬勃發展中的日本，這也讓松田會長的海外拓展夢想遭遇到阻礙。

　　這一切在日鑠國際企劃公司海老名宏明董事長的引薦後有了極大的轉變，康軒文教集團李萬吉董事長所主導的康橋國際學校本來就是臺灣國際私立學校專業化、特色化、精緻化的代表學校，海老名董事長與康軒文教集團李董事長是臺灣大學EMBA的同學，並引薦松田會長與李董事長會面，開啟了臺灣個別指導教育之開端，李董事長的康軒文教集團並非一般的教育業者，對於個別指導教育的夢想是否可以在臺灣萌芽與實現有著與其他教育業者不同的遠見與想法，在臺灣拓人十週年之際，回想這段歷史，著實也因為李董事長這個遠見，翻轉了臺灣數十年以來的補習教育模式，而個別指導教育在臺灣得以夢想實踐，李董事長的遠見絕對是關鍵。

　　李董事長想要執行這個翻轉補習教育的計畫，需要一位執行者，而且這位執行者也必須是願意改變既有補習教育經營模式想法的人，李董事長在臺灣大學EMBA的同學冠傑教育集團郭啟祥總裁成為李董事長想要一起談談的對象。其實海老名董事長也曾經引薦松田會長與郭總裁會

面，並至冠傑教育集團實地操作ETS及PCS系統，氣氛融洽，原因為郭總裁的公司旗下本來就有一對四教學的PI4個別化教學系統部門，在個別指導教育的接受度當然優於其他團體班同業，惟郭總裁深知與松田會長的公司規模差距太大，恐無法擔任此夢想的推手，後來李董事長邀約郭總裁商議此案，而三位臺灣大學EMBA同學（李董事長、郭總裁、海老名董事長）就在李董事長的遠見下，展開了臺灣教育史上跨國性個別指導教育的一頁。

　　三家教育企業（臺灣的康軒文教集團、冠傑教育集團以及日本的動力開關集團）的合作，跨國性組合，開啓了這個話題性十足的臺灣拓人公司，也成為臺灣第一家跨國性文理類補習教育機構，惟成立初期也並非一帆風順，如何融合三方公司文化上的差異及語言的隔閡，居間擔任翻譯的海老名董事長與徐沛秘書功不可沒。初期臺灣方面康軒及冠傑企業都派出多位幹部赴日本研修居住長達半年之久，而郭總裁也一同前往並舉家親赴日本居住學習半年，這在當時的補習教育界也是很難想像的前衛做法，因為大概沒有同業會花這麼大筆的預算在研修學習上。不過從結果來看，這份投資是值得的，也因為這三家企業都有追求品質的決心，才有今天的臺灣拓人。

　　赴日本研修是「夢想傳承」的起點，因為在臺灣沒有這樣的個別指導教育模式，一切都要重頭來過。當時動力開關集團投入了大量人員擔任指導官指導來自臺灣的研修夥伴們，分成教室端、營運端及開發端三個方向研修，另外郭總裁每週還有固定與松田會長及動力開關集團所屬取締役舉行臺灣戰略會議，事後來看，這半年的研修奠定了臺灣拓人初期發展的方向與基礎，也因為所有人員皆身處異國，大家反而更心無旁鶩地專注研修，並實際進入到個別指導教育體系領域實習，配合實地操作及數不清的冗長會議（因為還要口譯，所以會議時間幾乎都是正常的兩倍），雖然如此，但是大家在一起研修時也確實建立了好的合作開始與默契，持續的文化衝突與磨合，造就了現今得以接地氣的在地化臺灣

拓人。

　　夢想得以在臺灣實踐，就在赴日研修的幹部回臺後就緊鑼密鼓地展開了，這段期間發生了幹部的離職與當時臺灣因為釣魚台事件與日本的外交爭議，臺灣拓人開幕記者會異常冷清，記者寥寥可數，這些事件也考驗著經營團隊的危機處理能力，再加上跨國型臺日合作的補習班，也常常讓家長及學生誤認為是補習日文的補習班，臺灣拓人公司感受到市場對個別指導教育的陌生與誤解，於是在此關鍵時刻，郭總裁做了一個關鍵決定，將冠傑公司PI4一對四教學模式與拓人一對一個別指導結合推動，並搭配個別授驗課程，大幅降低家長學費的負擔，也因為越來越多的學生在上過個別指導教育課程後所獲得的進步超乎預期，這段期間開幕的信義與天母兩校學生人數開始邁入正軌成長，奠定了個別指導教育模式的基礎，爾後半年成立的民生校與大直校也在這個基礎下陸續成功開校，並且成為臺灣首先突破百人教室的兩所分校，有趣的是這四所教室的室長都姓「陳」（室長姓名依分校成立順序依次為陳偉鈺、陳香君、陳品卉、陳芝毓），他們也為自己取了個「似曾相識」的團名，這四位陳室長成功地執行拓人個別指導的在地化營運，居功厥偉。特別值得一提的就是陳芝毓室長，她也在公司服務滿13年之後接任臺灣拓人教育事業的總經理，由創業初期的員工接掌總經理的傳承佳話，深深烙印在這家跨國性文教機構的每一位員工當中。而這段期間，有兩位要特別一提的日籍幹部，一位是幕後指導臺灣幹部將日本個別指導教室營運導入臺灣的推手並駐紮臺灣，就是臺灣拓人直營本部執行副總井上明先生，這位個性與做事方法一點都不像臺灣人所認為的日本人，造就了這段艱難任務的成功。另一位則是目前擔任日本動力開關集團的高橋直司社長，當時的高橋社長擔任臺灣業務指導並協助臺灣拓人營運，也提供了許多寶貴的建議與策略，臺灣拓人初期的營運方針執行多為高橋社長與郭總裁經過多次會議討論而來，這是一個跨國的營運策略交流，兩人也因此建立了深厚的友誼，許多跨國企業在合作方的信任建立上往往需

要許久時間才能達成，這份信任也是臺灣拓人未來成功的重要基礎。

如何將夢想實現擴大影響範圍，成為下一個階段的重點，企業擴大的思維在於決策點，臺灣拓人在決定開放加盟的時間點上，以現在觀點回頭看當時決策，確實是提早了點，而主因於2009年市場傳言有新的日本個別指導系統業者將來臺開放品牌加盟，這個訊息確實讓臺灣拓人比原先計畫提早了一年執行加盟事業，最後證明此來臺日本業者消息是謠傳。但是臺灣拓人已經箭在弦上準備比該日本同業早一步開放加盟，這個決策導致臺灣拓人面臨鉅額虧損危機。慶幸的是在這段期間，李董事長與松田會長全力支持郭總裁執行此案，而另一位駐紮臺灣的臺灣拓人加盟本部執行副總森亮先生也在這段時期建立了臺灣拓人加盟體系與訓練臺籍幹部，在負責開發的臺籍幹部鄭玉豐科長開出第一家加盟校後，陸續在各縣市有許多贊同個別指導理念的加盟主在鄭科長的說明後投入開校，再加上原來直營本部的臺籍幹部在教室經營成功的經驗支援下，臺灣拓人成為當年臺灣第一的個別指導教育機構，並保持至今。這段歷史，讓個別指導教學模式開始獲得廣泛認同，臺灣補習教育界掀起一個巨大的教學模式革命，此夢想透過實現擴大了影響的範圍，並透過一次次的實驗使夢想得以傳承，自此個別指導教育模式已經深根臺灣。

人因夢想而偉大，臺灣拓人每間教室都有學生滿滿的夢想卡牆，每位拓人的學生透過自己的書寫夢想，思考自己未來可以邁向什麼樣的境界，這當中寓意深遠，有親情、學習、心願、超越、反省等思維，夢想卡不只只有學生書寫，所有老師、室長、各級幹部、三位創辦人等都在夢想牆中留下足跡，記錄著臺灣拓人一頁頁的溫馨與實踐。從剛開始的學生曾經打趣地詢問寫這個幹嘛？到現在看到每位寫夢想卡的人都會非常慎重與專注地書寫夢想卡，這時的我們深深體會到教育的核心價值正是莫忘初衷，未來我們可以做些什麼？想成為什麼？不就是我們從小就一直在思考及夢想的事嗎？而夢想卡的書寫，實為臺灣拓人非常經典的一項教育理念實踐，所有人都有機會一起見證臺灣拓人的夢想傳承，而

這些傳承，就在每個臺灣拓人教室的夢想牆上。

十年的時間磨出了臺灣個別指導教育的實務實踐，這段期間經歷許多的磨合，例如在教育理念上的文化衝突、經營層面的觀念衝突，實務操作上的方法衝突等，一再地挑戰教學模式的翻轉，有時回過頭想起這一切，若非創辦的三方公司康軒、動力開關、冠傑對於教育理念的堅持，很可能在中途就因為營運需要而轉變教法了，當然也就看不到現在臺灣個別指導教育機構如雨後春筍般地開枝散葉，先行者往往走在寂寞的道路，在那段不被認同及酸言酸語的過程中，臺灣拓人始終堅信個別指導教育是臺灣未來的趨勢，如今夢想實踐了，也傳承了。在此十週年之際，我們再次回到章節的開端：「一家企業是否能永續端賴傳承與不斷地創新，這也是所有創辦人最念茲在茲之事。」臺灣拓人在這十年當中已經開始看到加盟主的第二代接班繼續營運原先父母所經營的教室，每每看到這樣的傳承畫面，就有一種莫名的感動，教育事業真的比其他事業更需要傳承。而臺灣拓人公司的傳承，也在十週年之際，在李董事長的監交下，由創辦人之一也兼任了十年總經理的郭總裁交棒給原擔任臺灣拓人的日籍執行副總金子禎次郎接棒總經理，開啟了專業經理人擔任總經理的時代，為臺灣拓人的永續經營邁出了歷史性的一步。

臺灣拓人公司以幸福感與人情味立基，依舊以實踐翻轉臺灣補習教育為使命，而夢想的傳承也一直在持續中。

【作者於《臺灣拓人築夢十年全紀錄》專書專章】

青少年兒童福利機構之經營與管理

作　　者／郭啟祥
出 版 者／揚智文化事業股份有限公司
發 行 人／葉忠賢
總 編 輯／閻富萍
特約執編／鄭美珠
地　　址／新北市深坑區北深路三段 258 號 8 樓
電　　話／(02)8662-6826
傳　　真／(02)2664-7633
網　　址／http://www.ycrc.com.tw
　E-mail ／service@ycrc.com.tw
　I S B N ／978-986-298-411-6
初版一刷／2022 年 11 月
定　　價／新台幣 350 元

國家圖書館出版品預行編目（CIP）資料

青少年兒童福利機構之經營與管理 ＝
Institutional management and administration
for children and adolescents / 郭啟祥著. --
初版. -- 新北市 ：揚智文化事業股份有
限公司, 2022.11
　　面 ； 　公分

ISBN 978-986-298-411-6 (平裝)

1.CST: 社會工作 2.CST: 組織管理
3.CST: 青年福利 4.CST: 兒童福利

547   111018444

NOTE...

NOTE...